智慧之王

李寅评说皇太极

李寅◎著

中国工人出版社

序言

提起皇太极，我想起两个词语。

第一个词语是“天子蒙尘”。皇太极身上蒙了三层灰尘。细致考证，大体如下。

首先是狡诈。皇太极的即位，无论当时还是现代，认为他是阴谋夺立，以狡诈之谋，篡得帝位，因而为后人诟病，这大概是受到朝鲜人的影响。

其次是奢靡。今人认为皇太极奢靡无度，尤其当你走进沈阳昭陵的时候，看到一座极度奢华的建筑，这就是昭陵大殿。在这座建筑的地面，本来用砖石铺就的规制，却代之以珍贵的宝石：黄金石、臬蓝宝石、白宝石、绿松石，更有一块巨大的翡翠石，让所有到这里的人为之咂舌。

最后是好色。资料记载，皇太极在崇德八年八月初九，于清宁宫东暖阁的火炕上“无疾端坐而崩”，也就是没得什么病，坐着就死了，这很奇怪。有人考证，是因为他的宠妃海兰珠去世了，他便大失方寸。先是弃江山而不顾，从宁锦前线返回盛京“奔丧”，上演了一出“不爱江山爱美人”的闹剧；接着大哭过甚，档案记载，他竟然哭昏过去；更有甚者，皇太极居然不顾帝王之尊，在宸妃墓前为之下跪，大失伦理纲常。凡此种种，揪心难忘，以致宸妃病逝后尚不足两周年之际，“龙驭上宾”。于是，坊间纷纷讥讪皇太极和宸妃是清朝版的罗密欧与朱丽叶、梁山伯与祝英台；也有讥讽他纯粹就是一个好色之徒。

狡诈、奢靡、好色，这三层灰尘让皇太极暗淡无光。

第二个词语是“天子蒙羞”。“天子蒙尘”已然让人唏嘘不已，“天子蒙羞”则更让人大跌眼镜。

这便是人们茶余饭后津津乐道的“太后下嫁”事件了。该事件说白了，就是一代枭雄多尔衮搞了他的嫂子孝庄，给他的皇兄戴了一顶绿帽子，让九泉之下的皇太极为之痛苦蒙羞。

“太后下嫁”事件，在史学界，在民间，一直争论不休。正方曰：“没有下嫁”，理由种种；反方道：“下嫁了”，拿出了张煌言的诗句，列出了《清世祖实录》中的记载，举出了多尔衮称谓的种种变化，更有人以孝庄葬地昭西陵为铁证，强势说明孝庄下嫁小叔子多尔衮。

我要提醒大家的是，不管下嫁与否，大家都需要弄明白一个词，即“收继婚”。这是清初满洲流行的一种婚俗，只要丈夫去世，遗下的财产与女人都可以被本家族的男人接收，通俗说法叫作“肥水不流外人田”；否则，要遭人耻笑。既如此，我想为孝庄鸣不平，别人行，我为什么不行？还要遭到后世如此评论！

绕这么大一圈，皇太极的这两个词，“天子蒙尘”和“天子蒙羞”是应该正确认识了。换言之，应该全面认识皇太极，掸掉灰尘，拨云见日。究竟该如何评价皇太极呢？

我想用两个字来概括皇太极的性格和人生——“智者”，他是一个“智慧之王”。

需要追踪一下“智者”的词义来源。《淮南子·俶真》：“智者，心之府也。”淮南子中的这句话不用过多阐释。接下来，再查《淮南子·览冥》文下注：“智故，巧诈也。”单就这一条，说皇太极是个智者，似乎实至名归了。可以结论，皇太极是个极富智慧之人，从他的人生轨迹中，我们洞若观火。

他用智慧巧得汗位。皇太极本为“四大贝勒”之末，排行第八，这样的地位，貌似与汗位根本无缘。可是，他绝对不像大贝勒代善那样，贪图小便宜，结果丧失了太子之位，不得不屈居人下。而皇太极的目标只有一个——即位称帝，别的一概不重要。于是，皇太极参与了搞掉褚英的活动，也参与了搞掉代善的活动，使这两个“太子”先后落马。接着，皇太极再施计谋，逼迫大妃阿巴亥殉葬努尔哈赤。至此，他即位的道路便由歧途走向坦途，从渺茫变为顺理成章。

再用智慧拓展帝业。皇太极即位之后，为壮大实力，四向开疆，无往而不胜。以南向为例，为除掉心腹大患袁崇焕，巧用两个计谋，一为“声东击西”之策，引蛇出洞，或称之为“调虎离山”，使得固守宁远的袁崇焕入关勤王，实际上，他中计了；二为“反间计”，使明廷中计，借崇祯之手，除掉了袁崇焕。至此，搬走了一直积压在皇太极心中的大石头，排除了隐患。

关键是，皇太极并不满足于继承帝位，他认为那仅仅是个开始，有匹夫之勇的人即可做到，他还要树立一个正面形象，要用“正能量”完善自己的人生。于是，他以长远眼光，重用汉人；以宽宏度量，起用政敌；再以菩萨之心，施恩与百姓……皇太极不仅成为一代帝王，还真正成为一名“宽温仁圣皇帝”。这才是他想要的，这才是真正的成功。所有这些，都是他开动脑筋，以智慧来完成的。

皇太极成功了，国运日盛，他的地位也如日中天。我引用《清史稿》的结论：“太宗允文允武，内修政事，外勤讨伐；用兵如神，所向有功。呜呼，圣矣哉！”终成一代帝业。

一直有人说皇太极善于诈术。我想，不管是诈术还是智慧，他都给我

们留下了太多的思考，都令我们回味不已；尤其是皇太极处理事务中的巧捷万端，更有值得我们学习和借鉴的地方。

李寅

2017年3月5日

目 录

第一章 势在必得

第三章 黄袍加身

第四章 逆我者亡

第六章 向皇太极借智慧

第一章 势在必得

皇太极，努尔哈赤第八子，清朝第二位帝王。他有勇有谋，智勇双全；他爱憎分明，疾恶如仇；他柔情似水，又冷酷无情，是一个很难让人读懂的神秘人物。让我们通过这本书，一起来揭开这个富有传奇色彩的帝王的神秘面纱。

俗话说“有志者事竟成”，皇太极就是一个很有志向的人，不然，以他的排行，接班人的位置无论如何都不是他的。但是，仅有志向还不够，还要脚踏实地，等待机会，以智取胜。所以，要实现这样的目标，谈何容易！皇太极成功地走过了一条漫长而坚定的道路，我们从头说起。

最重要的女人

无论对努尔哈赤还是对皇太极，有一个女人至关重要，她是努尔哈赤的最爱，又是皇太极须臾不能离开的人，即大清国母第一人——孟古姐姐。

得意的年龄差

皇太极的母亲姓叶赫那拉，是叶赫部首领杨吉砮的小女儿。杨吉砮听到了一个很重要的信息：建州首领努尔哈赤非常厉害，早晚会称霸一方。于是，杨吉砮盘算着，要想保住自己的部落和利益，必须和这个努尔哈赤结盟，而结盟的最好办法就是结亲。

这件事说起来很简单，可毕竟是女方向男方求婚，杨吉砮也不好意思过于主动。终于有一天，杨吉砮抓住机会见到了努尔哈赤，他一看就很喜欢，心想：果然名不虚传，方面大耳，身材魁梧，将来必成大业。所以，这求亲的话就不用太为矜持了："我有一个小女儿，仰慕你是个英雄，将来我把她嫁给你。"

努尔哈赤没想到，他本来对叶赫没有什么好印象，觉得早晚会有一仗。那个时候，部落之间的战争经常发生，互相吞并，你打我一拳，我给你一脚的事多着呢。听杨吉砮这么说，他反倒觉得有些不好意思起来。

但是，精明的努尔哈赤还是感觉到其中有诈，他知道杨吉砮不仅仅有一个小女儿，还有一个与自己年龄更合适的大女儿，他这样说，难道是缓兵之计吗？

于是，努尔哈赤毫不客气地说："你既然要与我结盟婚配，为什么不把年长的女儿给我呢？"大有责怪之意，质疑杨吉砮的诚意。

杨吉砮早有心理准备，他忐忑地说："不是我舍不得大女儿，是这个女儿长得不好看，福分也不大，她配不上你啊。而我的小女儿就不一样了。"说完，杨吉砮面带自豪之色。努尔哈赤很好奇，他的小女儿究竟多么优秀，会让他的父亲这么自豪呢？

首先是年龄。杨吉砮的小女儿生于明万历三年，比努尔哈赤小 16 岁。这个年龄的女孩子对于努尔哈赤来说，太有吸引力了，他很喜欢，因为这个时候他已经有 5 个妻妾了，他幻想着和这个小自己 16 岁的女孩子相处会是一种什么感觉。

很奇怪，在清朝帝王中，年龄小 16 岁的女人非常具有吸引力，有的甚至会达到冲冠后宫的程度。比如皇太极的宸妃海兰珠，在皇太极的后宫中独占鳌头；又如乾隆帝的令妃魏佳氏，在乾隆三十年，以一个妃子的身份，向皇后乌拉那拉氏挑起宫斗，最后，这个比乾隆帝小 16 岁的令妃大获全胜，成为乾隆帝后宫中最牛的女人，连续生育了 6 个子女，儿子嘉庆还继承了皇位。

其次是名字好听。杨吉砮引以为豪的小女儿名字叫"孟古姐姐"，听杨吉砮的小女儿生于明万历三年，比努尔哈赤小16岁。这个年龄的女孩子对于努尔哈赤来说，太有吸引力了。

李寅语录

努尔哈赤没想到，他本来对叶赫没有什么好印象，觉得早晚会有一仗。那个时候，部落之间的战争经常发生，互相吞并，你打我一拳，我给你一脚的事多着呢。听杨吉砮这么说，他反倒觉得有些不好意思起来。

起来就不错，“孟古”和“蒙古”谐音，努尔哈赤不会想不到，他需要这个名字。而且，小小年纪称之为“姐姐”感觉很奇怪，使他兴趣盎然。

还有就是，这个孟古姐姐的贤淑和漂亮远近闻名，让努尔哈赤急于得到她。可是，杨吉砮告诉他不要着急，要耐心等待，等她长大了，成熟了，水到渠成了，就把女儿送过来成亲。

这个大舅子

努尔哈赤对这个没过门的女人有厚望焉，他很快答应了这门亲事，给杨吉砮送去聘礼，只等时机成熟，就把她娶进门来。

可是，天有不测风云，杨吉砮发生了不测。

万历十一年十二月，杨吉砮屡次越境抢掠明朝百姓，不守双方约定，明朝总兵李成梁大怒，发兵攻打叶赫，双方激战。李成梁设计，诱骗杨吉砮上钩，杨吉砮落入了李成梁的手里，被李成梁残忍杀害。

对于这件事情，努尔哈赤无所适从，他虽然与杨吉砮结盟，但并不敢干预叶赫与李成梁之间的战争。杨吉砮被杀害了，努尔哈赤心中悲凉，不为别的，只是当年订下的亲事怕是没有希望了。

努尔哈赤的担心很有道理，杨吉砮死后，他的儿子纳林布禄接管了叶赫部，成为首领。

纳林布禄一向不守信誉。他先是帮助明朝，接着又背叛明朝。他帮助明朝平息了哈达部的内乱，又背弃明朝，不断攻打明朝边境。

纳林布禄骁勇善战，与明朝李成梁军激战。最后寡不敌众，被困楼台，不得已，他向李成梁请求投降，并答应向明朝称臣定期纳贡。

对这个纳林布禄，努尔哈赤早有耳闻，他的出尔反尔、他的骁勇善战、他的狡诈为人等等，都使努尔哈赤对早年订下的婚约不抱任何希望了。

可是，让努尔哈赤意想不到的事情发生了，纳林布禄居然主动地把妹妹送给了他。万历十一年九月，纳林布禄亲自护送妹妹来到建州。

努尔哈赤喜出望外，对这桩婚姻真有一种失而复得的感觉。他下令大摆筵席，热烈欢迎纳林布禄一行，最主要的是，迎娶这个心仪已久的女人孟古姐姐。

这一天是费阿拉城难忘的日子，努尔哈赤和诸贝勒、大臣设下大宴，盛情款待纳林布禄一行，他们把酒言欢。然而，盖头底下的孟古姐姐却愁眉不展。她深深知道哥哥此行的目的，不是履行当年父亲订下的婚约，而是别有用心。当然，孟古姐姐还有一个更大的顾虑，那就是自己这个未来的丈夫努尔哈赤。

孟古姐姐早就听说努尔哈赤是一个大英雄，统一了建州各部。所以，一想到将要与之成亲，孟古姐姐就会红了脸颊。但是，她也知道，努尔哈赤经常杀伐疆场，他会不会和自己的哥哥一样，是个鲁莽、背信弃义之人呢？

14 岁的孟古姐姐带着一个个问号嫁了进来，这一年，努尔哈赤 30 岁。

果然不出所料，孟古姐姐一嫁进来，立即吸引了努尔哈赤，其他的女人为之黯然失色。孟古姐姐漂亮，楚楚动人；又彬彬有礼，毫无跛踦之色；最主要的是她待人宽厚，无论是努尔哈赤的其他女人，还是那些低贱的下人，对她是有口皆碑。一下子，这个小女人占据了努尔哈赤的心，她在这里如鱼得水。

接下来，孟古姐姐设想着，要在这里站稳脚跟，必须做好一件事情，否则早晚会翻船。究竟是什么事情呢？

生下“怪胎”

孟古姐姐深知，自己必做的一件事就是生育，而且一定要生一个儿子，这才是根本。那个时候，满洲还处在部落时代，部落之间经常发生战争，男子必须上战场厮杀，为部落立功。所以，女子生育男孩就很重要。

孟古姐姐看着别的女人生育，自己就着急，就想着怎样才能实现生子的目标。但是，孟古姐姐虽然年龄不大，城府却很深，她不会过度表现出这种情绪。

也是，孟古姐姐生育之前，努尔哈赤已经有 7 个儿子：褚英、代善、阿拜、汤古岱、莽古尔泰、塔拜、阿巴泰。看着这么多男孩一个个降生，孟古姐姐能不着急吗？

有句话说得好，“世上无难事，只怕有心人”，孟古姐姐经过不懈的努力，终于，在 19 岁的时候，万历二十年年初，她怀孕了。孟古姐姐抚摸着肚子，心想希望就在这里了。

十月二十五日，怀胎十月的孟古姐姐分娩了。果然是个儿子！这个孩子一生下来，在努尔哈赤的后院就引起了轩然大波！

有人说，这个孩子是个怪胎，红红的脸，与众不同啊。

有人说，这个孩子是个人物，像是大英雄关羽再世。

还有很多其他的说法，一时之间，议论纷纷。不就是一个婴儿诞生了嘛，怎么会有这么多说法呢？原来，孟古姐姐生下的这个孩子很特别，历史文献中记载：“上仪表奇伟，颜如渥丹，严寒不栗。”说的是这个孩子长相很奇特，脸红红的，就像是朱砂一样。也是，刚刚生下的孩子，脸色像朱砂一样红，人们看了能不害怕吗。所以，人们觉得是个怪胎就很正常了。还有一点，这个孩子生来就不怕寒冷，即使在严寒的冬季，天寒地冻，他也不冷。大雪纷飞的日子里，别人站在外面，会冻得抖作一团，而这个孩子却能安之若素。所以，有人推测，这个孩子不是怪胎，将来会是个了不起的人物。从他红红的面庞来看，就是历史上的关公再世了。

努尔哈赤听到了来自各方面的传言，他不信邪，只信这个孩子像关公，将来会成就大业。有时候，努尔哈赤甚至会想到，难道这是上苍赐予我的吗？是要他帮助我成就大事吗？

起个什么名字呢？努尔哈赤陷入了沉思。

我们查阅史料，发现了很多说法。

一说叫“红太主”“黄台吉”。这个比较好理解，“主”当然是主子，而“台吉”，在蒙古语中经常看见，汉语中则有“太师”之意。

一说叫“红歹是”，这是译音不同的体现，但是没有流行开来。

一说叫“黑还勃烈”，这种称呼在朝鲜史料《李朝实录》中有所体现。“勃烈”应该是贝勒的谐音。

一说叫“阿巴海”，这是《内蒙古历史概要》一书中的说法。

而大家所熟知的就是皇太极了。这个名字当然是清朝官书中的说法，“皇太极”和“皇太子”只有一字之差，不知是巧合，还是天意，总之，是个吉祥的名字。

有人说“皇太极”这个名字是他称汗之后叫开的，之前根本不存在。所以，孟古姐姐或许也不知道“皇太极”是谁。但是，不管怎样，她心满意足，上苍眷顾她，给了她一个儿子，也许好运就此开始了。

大祸临头

就像孟古姐姐想的那样，她的好运开始了，一切源于这个儿子皇太极。

努尔哈赤太喜欢这个孩子了，把他当成心肝宝贝。

皇太极记忆力好。《清太宗实录》记载：“一听不忘，一见即识。”三岁那年，就已经显露出来，听一次，见一次，就记住了。

思维敏捷。皇太极脑筋反应很快，超乎常人。不管什么事情，只要努尔哈赤一说出来，他就能迅速反应，明显比普通人快。而且，皇太极非常机灵，除了反应快速，还会说出与众不同的见解。

爱屋及乌，他的母亲孟古姐姐很快得到努尔哈赤的特殊宠爱，别的女人在她面前黯然失色。而且，孟古姐姐在众人面前表现得也是出类拔萃：

喜怒不形于色。据《清史稿》记载，她“得誉不喜；闻恶言，愉悦不改其常”。喜也罢，怒也罢，孟古姐姐都能泰然处之，丝毫不会因为这些而情绪波动。这很难得，在她那个年龄，谁能做到呢？

人品端正。资料记载，她从来不好谄媚，不管是丈夫努尔哈赤，还是有权势的身边人，孟古姐姐都能平等对待，从不阿谀。她还不信小人谗言，凡是遇到小人搬弄是非，她都一笑置之。

不干预政事。一般人如果得到宠爱，就会强力干预政事。但她不会，她从来不过问外面的事情，一心做好自己的事情，相夫教子，默默无闻地打理着努尔哈赤后院的一切事务。

按说，这对母子这么优秀，一定会久盛不衰，永承恩泽的。可是，接下来发生的事情，让所有人都感到大祸临头。

正当孟古姐姐幻想幸福之际，她的哥哥纳林布禄起兵，攻打努尔哈赤。

按说不应该呀，纳林布禄是努尔哈赤的大舅子，而且，孟古姐姐是他亲自送到建州嫁给努尔哈赤的，怎么能起兵攻击，反目成仇呢？

前面说过，纳林布禄是个反复无常之人，他性情不稳，出尔反尔；他自私寡恩，见利忘义。就在妹妹嫁给努尔哈赤之后，他打起了歪主意，向妹夫努尔哈赤提出了领土要求，要妹夫割让一部分土地给他。努尔哈赤会怎么办呢？

一是严词拒绝。努尔哈赤能答应吗？他也是一代枭雄，岂能出卖利益，而且还是土地这么敏感的事情。

二是写信讥讽。努尔哈赤写了一封讥讽大舅子的信件，命使者当众宣读之后，送达纳林布禄。

纳林布禄恼羞成怒，他派出大兵抢掠建州。不仅如此，万历二十一年，纳林布禄两次大兵压境，一次是六月，纠集扈伦四部大军，攻打建州，被努尔哈赤打败；一次是九月，他纠集了乌拉部等九部联军攻打建州，努尔哈赤用兵如神，以少胜多，大败九部联军。纳林布禄屡战屡败，狼狈不堪。

外面的世界，战火纷飞；努尔哈赤的后院里，也不平静。

儿子皇太极还小，孟古姐姐正在得宠之际，哥哥纳林布禄就兴兵征讨，让自己如何做人呢？

努尔哈赤会怎么看？自己最宠爱的女人的娘家与建州结仇了，而且是战场上结下的仇怨，生死仇家，如何能解开呢？

女人们怎么看？努尔哈赤女人成群，本来孟古姐姐突然得宠，后来居上，忌妒的人不在少数；这次建州遭到攻击，威胁到建州的安全，大家都对她群起而攻之。

皇太极会留下阴影吗？当然，我们今天讲儿童期教育，小孩子的教育最重要，最怕的就是环境的影响。而这个时候，正是皇太极成长的关键时期，却发生了大舅得罪建州的事情，大家对纳林布禄恨之入骨，皇太极心中留下了阴影。

本来很幸运的娘俩儿，这个时候，却感到真的是大难临头了。

含恨而死

万历三十一年，皇太极 12 岁了，他已经仪表堂堂，深谙世故了。父辈们的恩恩怨怨，他了解得一清二楚，最关键的是，母亲孟古姐姐患病了，而且病得不轻，到了秋天，已经很沉重了。

皇太极是个孝子，他守候在母亲身旁，寸步不离。他嘘寒问暖，期盼着母亲能够尽快好起来。可是，这一切都无济于事。

母亲叫过皇太极，想对他说什么，可是话到嘴边又咽了回去，他毕竟才 12 岁，不应该让他承受痛苦。最终，孟古姐姐吩咐儿子：“去，叫你的阿玛来吧。”皇太极急速赶到努尔哈赤那里，他看到父亲正在商议政事，便大声道：“快去看看我的额娘吧，她快不行了！”

努尔哈赤不由分说，直奔孟古姐姐的寝宫而去。他这才意识到，自己最近对这个心爱的女人照顾得很不够。

孟古姐姐看着急速赶来的丈夫，再看看一旁儿子着急的神情，泪水就下来了。努尔哈赤握着她的手，示意她克制一些，问她需要什么，他会不遗余力地做到。

孟古姐姐拉住努尔哈赤的手，道：“我快不行了，不要为我再做什么了。”努尔哈赤听罢，才感觉到事态的严重，他审视孟古姐姐的病容，前所未有的憔悴，看来真的要安排后事了。

努尔哈赤问孟古姐姐有什么要求，孟古姐姐的眼泪再次落下来：“我只想在死之前，见一见我的母亲。”

努尔哈赤一想，自从万历十六年，孟古姐姐嫁进建州以后，由于双方关系紧张，母女之间始终未能相见。已经 15 年了，15 个春秋，孟古姐姐强忍着思母之痛，心情日渐沉重，病情也就加重了。

努尔哈赤明白了一切，他深深自责，都怪自己做得不好。于是，他决定不顾一切满足爱妻临终前的这个要求。于是，他派出了使臣，前往叶赫，请求纳林布禄允许老夫人前往建州，见一见亲生女儿。

可是，这纳林布禄是个无情无义之人。他极力阻止使臣见到老夫人，也不允许老夫人前往建州："回去告诉你的主子，休想实现这个目的！"纳林布禄最终只同意派一个叫南太的人前往建州，应付差事。

努尔哈赤见了南太，十分气愤，他气血上涌，怒斥道："这个无耻的纳林布禄，无情无义。你的妹妹临终之际，想看看亲生母亲有错吗？"接着，努尔哈赤列举了纳林布禄的几大罪状：

一是联合其他部落攻打建州。

二是掠夺建州的寨子。

三是背信弃义，把努尔哈赤送了聘礼的女子，改嫁给了蒙古。

现在，又拒绝妹妹见到亲生母亲，这已经是世界上最无情义的事情了。

南太把努尔哈赤的斥责转达给了纳林布禄，纳林布禄仍然没有悔意。

可怜的孟古姐姐，渴望着夫君能够在这个时候实现自己见到母亲的愿望，可是，这只能是奢望了。她在等待中永远闭上了双眼。

这就是政治的无情。纳林布禄固然无情无义，他愧对于自己去世的妹妹，这是毫无疑问的事情。可是，努尔哈赤对于自己钟爱的妻子这点儿要求都不能实现，难道就没有一点儿责任吗？对于孟古姐姐的死，努尔哈赤会采取哪些弥补措施呢？

失控的丈夫

孟古姐姐死了，带着终生的遗憾离开了人世，离开了年幼的亲子皇太极。这一年，她才 29 岁，皇太极 12 岁。

努尔哈赤很后悔，他捶胸顿足，失声痛哭。人们看在眼里，尤其是皇太极，看得最真切，他深深地记住了这个恐怖的场景。

这是努尔哈赤最想得到的结果，他担心由于孟古姐姐的死，皇太极会嫉恨于他。因为当初正是建州与叶赫的矛盾和战争导致了纳林布禄的反目，从而波及了孟古姐姐。

努尔哈赤也确实有些自责，就算建州与叶赫有仇，这个关键时刻，请岳母探望妻子也应该自己亲自出马，既表达诚意，又体现感情。可是，最终，他只派遣了一名使臣前往。

一切都晚了，还有弥补的机会，努尔哈赤要怎么做呢?

大声哭号。这种举动，一般是女人的天赋，但是，努尔哈赤要做到极致。他痛哭不已，而且号出声来，声震殿堂，嘶哑的声音让人心碎。而且，他坚持了几个日夜，在爱妻的灵柩前号哭不已。

接着，努尔哈赤要杀人。这个时候杀人干什么，他要以此来祭奠亡妻。努尔哈赤选择了孟古姐姐身边的四个婢女，强迫她们全部殉葬。婢女们吓破了胆，还都是花季的年华，却要被强迫殉葬，这是她们没有想到的事情。当初，进入努尔哈赤的府邸，侍奉富贵的孟古姐姐，是何等的风光；如今却要为主子殉葬，她们乱成一团。

再接下来，就是杀牛宰马。牛和马是满洲人最喜爱的动物，尤其是马，那可是他们耕作和征伐的得力助手，一般不会轻易杀掉。今天不同，为了祭奠亡妻，努尔哈赤下令杀牛宰马，而且各杀一百头。人们吃惊之余，没人敢为此而说话或阻止。

到这时，人们知道，努尔哈赤失控了，是情绪上的失控。

他开始不饮酒。这个嗜酒的家伙为了孟古姐姐，开始戒酒。

不吃荤。这个食肉的彪形大汉开始忌荤，也是为了孟古姐姐。

不搞娱乐活动。下令辖区内全部进入哀悼状态，一律不准搞娱乐活动。

这种状态持续了一个多月才渐渐解除，努尔哈赤失控的情绪才渐渐恢复正常。

就这样，努尔哈赤表达着自己对孟古姐姐的深情厚谊。

还有一个问题没有解决，那就是孟古姐姐的葬地问题。要知道，那个时候的满人过的是游牧民族的生活，也因为战争，他们居无定所，随时迁徙。所以，孟古姐姐的葬地就成了问题。当下属向努尔哈赤请示，到底把她埋葬在哪里时，努尔哈赤做了一个重要的决定，随身携带，寸步不离。

这怎么办呢？人们想起来了，当年努尔哈赤起兵的时候，他为了躲避敌兵的追杀，迁徙无常，就随身背着父亲的骨灰，转战沙场。

努尔哈赤还决定，把孟古姐姐的灵柩停在自家院内，一停就是三年，三年期满，就把她埋在了赫图阿拉的尼雅满山冈。这是最高的待遇了。

天命六年，努尔哈赤攻下辽阳城，决定迁都于此，建设东京城。迁都之后，努尔哈赤并没有忘记孟古姐姐，天命九年，努尔哈赤下令迁葬爱妻的灵柩，葬在了新都城的东京杨鲁山。

努尔哈赤以实际行动，证实了他和孟古姐姐的感情是真挚的，他们生要在一起，死也要带着她闯天涯，不离寸步。

该死的褚英

一个人如果该死，怎么都活不成，褚英就是这样一个该死的人。虽然他很优秀，又爬上了权力的巅峰，但最终还是命丧黄泉。

莽撞的决定

褚英是努尔哈赤的长子，他的生母是努尔哈赤的元妃佟佳氏，生于万历八年，比皇太极大 12 岁。

褚英很不幸，从小就生活在动荡不安的环境里。他 3 岁那年，父亲努尔哈赤起兵反明，他就开始跟随努尔哈赤东征西战。

可是，这么小的孩子，能做什么呢？什么也做不了，他只有跟随父亲，迎接一场又一场战争。在他眼里，到处是厮杀、争夺和阴谋，他甚至在战争中，与姐姐东果、弟弟代善一起，被藏在炕洞里、柜子里，躲过敌人的追杀。他从柜子的缝隙里，看到血腥的场面，起初是害怕和不安，慢慢地，他熟悉了，适应了。因而，褚英的胆子特别大，就是这个时期练就的。

这就是褚英的不幸，小小的年纪，却要接受常人难以接受的考验，他稚嫩的生命随时都有可能被残酷的战争吞噬。

可是，褚英又是幸运的。因为他出生在努尔哈赤的家里，努尔哈赤乃一代枭雄；他又是长子，将来一定会获得出人头地的机会，这就要看褚英的造化了。果然，褚英不负众望，在一次次战争中，收获不菲。

第一次是万历二十六年，褚英 19 岁。这一年，努尔哈赤下令让他随同他的叔父巴雅喇攻打叶赫。年轻的褚英率军疾驰，星夜兼程，以迅雷不及掩耳之势攻下了叶赫的二十多处寨子。当他班师归来，努尔哈赤大喜，册封他为“洪巴图鲁”，并晋升为贝勒，褚英立即引起了人们的关注。

第二次是万历三十五年三月，与乌拉大军战于乌碣岩。当时敌我兵力悬殊，敌兵号称一万人，而褚英只有两千人。褚英英勇善战，奋力拼杀，以少胜多，将乌拉大将博克多斩杀，取得了乌碣岩大捷。努尔哈赤再次赏赐他封号“阿尔哈图土门”。这个称号非同小可，不仅仅夸赞他勇敢，还夸他有智谋。

第三次是万历三十六年三月，大战乌拉兵于宜罕山城，斩杀敌人千余人，获得铠甲三千副。

在这些战争中，褚英立了大功，赢得了父亲和大臣们的赞誉。此外，褚英还收获了更大的成果。

物质奖励：国人 500 户，牲畜 800 只，白银 10000 两，敕书 80 道。这些物质方面的奖赏，明显多于其他兄弟，分外令人眼红。

精神奖励：努尔哈赤认识到，褚英有勇有谋，可以托付大事。他会做出怎样的决定呢？

万历四十年，努尔哈赤居然决定授予褚英军政大权。这就意味着褚英具有生杀大权，具有参与最高层的决策大权，将来有一天，努尔哈赤去世，他将成为其合法的接班人。

努尔哈赤这个决定莽撞了，精明的他居然犯了大错，害了自己，也害了褚英。因为，褚英并不是他所看到的那样。

惶恐不安

褚英成功了，他成为努尔哈赤的合法接班人，地位稳固。

人一得意，就难免自傲；而且，褚英心胸狭隘，容不下人。查阅史料，褚英果真有这些表现。

威胁五大臣。努尔哈赤的身边有五大臣，他们与努尔哈赤出生入死，共闯天下，是努尔哈赤须臾不能离开的人，遇到事情努尔哈赤对他们也要礼让三分。这五人分别是额亦都、费英东、扈尔汉、何和里、安费扬古。

额亦都（1562—1621年）：满洲镶黄旗人，清朝开国元勋，几乎无人不知，无人不晓。他有很多事迹被载入史册，因为他对大清朝、对爱新觉罗家族事业的贡献最大。努尔哈赤非常钦佩他的勇敢。万历十五年，努尔哈赤攻巴尔达城，大军行进到浑河地区，因水大受阻。额亦都望着湍急的河水，苦思一阵，命令士兵把绳子系在身上，鱼贯而渡。过了河，恰好是深夜，额亦都急令士兵抓紧时间，趁黑攻城。当额亦都率小部分先锋爬上城墙，酣睡的守城兵惊醒了，他们遭遇了激烈的反击，战斗非常惨烈，混战中，额亦都全身受伤五十多处，仍坚持不下前线。他的大腿被流箭射中，他被这支箭钉在了墙上，额亦都一咬牙，砍断外面的半截箭杆，带着血箭冲锋陷阵，终于取得了胜利。这件事给努尔哈赤留下了深刻的印象，回来后，赐号“巴图鲁”，真是名不虚传。不仅如此，额亦都的儿子也都非常骁勇善战，不怕牺牲，四个儿子战死疆场。额亦都对努尔哈赤也最忠诚，为了表达忠心，他曾狠心杀死亲生儿子达启。

费英东（1562—1620年）：满洲镶黄旗人。努尔哈赤起兵第六年（1588年），费英东的父亲索尔果率领本部落五百户归顺努尔哈赤，费英东当时年方25岁，以骁勇善战著称，屡立战功，深得努尔哈赤的赏识。费英东忠直敢言，努尔哈赤知人善任，让他处理政府事务，授予一等大臣，并将皇长子褚英的女儿嫁给了他，使他成为额驸。费英东对努尔哈赤也非常忠诚，兑沁巴颜是费英东的姐夫，有谋逆行为，费英东将其擒获并杀死他。费英东死后，努尔哈赤很是悲痛，对身边大臣说："吾股肱大臣，与同休戚，今先雕丧，吾能无悲乎？"伤心大哭。

扈尔汉（1576—1623年）：满洲正白旗人，早年从其父归顺建州，他13岁的时候，被努尔哈赤收为养子，赐号觉罗氏。扈尔汉作战勇敢，每战必为前锋，功绩煊赫。后金开国后，执掌镶白旗，赐号"达尔汉"。天命四年，参加萨尔浒之战，大败明军。扈尔汉去世后，努尔哈赤亲临其丧，以吊其功勋。

何和里（1561—1624年）：满洲正红旗人，万历十六年，何和里率部归附努尔哈赤，又娶努尔哈赤长女东果格格为妻。万历二十九年，努尔哈赤建立黄、红、白、黑四旗，何和里所部隶属于正红旗，并担任正红旗总管。何和里作战勇敢，征乌拉，战明军，功绩煊赫，官至三等总兵官。天命九年（1624年），何和里病逝，努尔哈赤痛哭失声。

安费扬古（1559—1622年）：满洲镶蓝旗，少随父归顺太祖努尔哈赤。1621年，攻取辽沈，战功卓著。1593年，从太祖征哈达部，以功赐号"硕翁科罗巴图鲁"。安费扬古是一个军事家，强调以智取胜，创造了以弱胜强、以少克众的著名战例；重视军事训练，常令士兵"跳涧""越坑"，熟谙弓马技艺，以提高军事素质，培养勇敢精神；根据实际情况制订这要是别人说了，五大臣不会往心里去，什么阵势没见过啊。可是，褚英是努尔哈赤最信任的太子，这话的分量就不同了。于是，五大臣惶恐不安。

李寅语录

有人说『皇太极』这个名字是他称汗之后叫开的，之前根本不存在。所以，孟古姐姐或许也不知道『皇太极』是谁。但是，不管怎样，她心满意足，上苍眷顾她，给了她一个儿子，也许好运就此开始了。

用兵方略，无论是野战还是攻城，都机动灵活，根据不同情况采取不同战法。所以，他屡立战功。

以上五大臣，褚英任意凌辱，还时不时放话："你们谁敢与我作对，将来我继承汗位，杀无赦！"

这要是别人说了，五大臣不会往心里去，什么阵势没见过啊。可是，褚英是努尔哈赤最信任的太子，这话的分量就不同了。于是，五大臣惶恐不安。

七上八下

褚英威胁五大臣的同时，把目光又聚焦在了兄弟身上，他深知，要想立足立威，还得镇住兄弟们。褚英明白，他的那些兄弟们有四个最厉害，分别是代善、阿敏、莽古尔泰、皇太极。

代善（1583—1648 年），是褚英的同母弟弟，比褚英小 3 岁。代善 16 岁就跟随努尔哈赤从征哈达、辉发、叶赫等国，论军功封贝勒。尤其是万历三十五年，与乌拉部贝勒布占泰决战乌碣岩，斩敌三千，获马五千匹，铠甲三千副，取得大捷。凯旋回师以后，努尔哈赤赐予代善"古英巴图鲁"美号。"古英"乃满文音译，意为"刀把顶上镶钉的帽子铁"，巴图鲁为满语中"勇士"之意。

阿敏（1586—1640 年），努尔哈赤弟舒尔哈齐的次子，曾参与萨尔浒、灭叶赫、克沈阳、辽阳等战役，是一位骁勇善战的宗室贵胄。因为他的父子兄弟谋反，获罪被惩处，阿敏得以恩养在努尔哈赤那里。他屡立战功，深得努尔哈赤喜爱。

莽古尔泰（1587—1632 年），努尔哈赤第五子，福晋富察氏所生，领正蓝旗。很小的时候，莽古尔泰就跟随努尔哈赤南征北战。万历四十年（1612 年），莽古尔泰跟随其父努尔哈赤征伐海西女真的乌拉部，他英勇善战，连克乌拉六城，深得父亲的信任和宠爱。

还有一个弟弟，就是皇太极了。这个皇太极小褚英 12 岁，按说构不成威胁。可是，皇太极的生母孟古姐姐很是得宠，皇太极本人又聪明伶俐，娘俩儿深得努尔哈赤的宠爱。皇太极早年投身行伍，经受了大风大浪的锻炼，从万历四十年开始，皇太极开始参与大规模的行军作战。

这四个弟弟，是褚英的心腹大患；尤其是父亲对这四个人的重用，让褚英寝食难安。于是，褚英铤而走险，做了蠢事：

一是威胁。褚英将弟弟们集合起来，威胁道："父亲死后，要把你们得到的财产重新分配。如果你们不服，谁敢反对我，和我关系不好，等我做了汗王，我就要杀了他。"

二是要弟弟们对天发誓。誓词中说："长兄如何说，我们就如何办；有什么话，也不要告诉父亲！"褚英还要他们保守秘密，甘心服从。

这个时候，皇太极 20 岁了，他不仅长相英武，而且富有智慧，也有了一定的人生阅历。他观察着，判断着，关注着时局的变化。他心想，褚英的态度，会造成怎样的结果呢？

上诉，五大臣和四兄弟联合上诉。大家凑在一起，商量如何上诉。

五大臣说："他即位之后，容不下我们，断绝了我们的生路，还要杀死我们，与其那样，还不如直接找老汗王去，先告他一状再说。"

四位弟弟中，代善与褚英关系最为紧密，系一母所生；可是，代善同样受到了褚英的威胁。这样，褚英众叛亲离，代善加入了告状的行列。四个弟弟与五大臣一起，找到努尔哈赤，状告褚英的不当行为。

皇太极开始还有点儿害怕，因为数他最小，他担心努尔哈赤会偏向褚英，那可怎么办，皇太极心里七上八下。

被做掉了

大家众口一词，纷纷控告褚英的劣迹。

努尔哈赤大吃一惊，他本来很得意自己找到了接班人，可谓高枕无忧矣。这下子完了，大家都告他的状，心里没了底。

努尔哈赤毕竟经多见广，他转念一想，这种事一定要查个水落石出，不可听信一面之词。于是，他对大家说：“你们口说无凭，都写下来吧。”

众人惊吓不小，怎么写呀？本来就担心褚英报复，这下好了，只要落实在文字上，将来没个好，肯定会被褚英报复的。

但是，能怎么做呢？努尔哈赤一言九鼎，不可能更改。如果不写，明显是在诬告褚英，那后果可想而知。于是，大家豁出去了，包括皇太极在内，大家写好材料，交给了努尔哈赤。

努尔哈赤还抱有一线希望，希望这些都不是真的，是他们虚构和诬陷的。他急切地叫来褚英，把揭发材料交给褚英，道：“你看看这些，先不要回答我，想好了再说，是不是真的。”

褚英惊呆了，他万万没有想到众人会有这一招儿，恨得牙根痒痒，心里一下没了主意。

努尔哈赤道：“这么说全是真的了？”

努尔哈赤愤怒了，他本来想听褚英的辩解，可是，褚英表示无话可说，他默认了。

努尔哈赤怎么办？大家看着你呢，必须对褚英做出处置。

努尔哈赤最终做出了决定：

第一，训斥。努尔哈赤训斥道：“我年纪大了，不能理政，打仗也很吃力了。从我的儿子中，我选中了你，因为你是长子。可是，你却是这般心胸狭隘，让这些人来告你。五大臣我都要礼让三分，你怎么可以如此待他们呢？你的这些弟弟们，为国家作出了贡献，是我的左膀右臂，你怎么可以如此威胁他们呢？”努尔哈赤怒不可遏地训斥褚英。

第二，罚没。努尔哈赤知道褚英爱财，就从这方面下了手。他下令，将褚英的财物和人口拿出来，也把他的那些弟弟的财物和人口拿出来，放到一起，平均分配。其实，就是取消了褚英的特权。在这之前，褚英总是与众不同，要多分一些财物和人口。

第三，反省。这是最厉害的处罚了，努尔哈赤再也不相信褚英了，他下令要他闭门思过。更要命的是不允许他随军出征打仗了，这是对褚英最严厉的处罚。当努尔哈赤带领大军出征的时候，褚英像个废人一样，待在家里。

褚英愤怒了，他铤而走险，做出了大逆不道的事情。

褚英想出了最蠢的办法，用巫术诅咒父亲。

这天，他把四个仆人叫来，说："如果有一天我死了，你们会和我一起死吗？"仆人们能说什么呢？那个时候，讲求主死仆殉，所以，他们纷纷表示，要是主子死了，他们也不活了。

接下来，褚英拿出早已准备好的毒咒符，上面书写着诅咒父亲、弟弟和五大臣的咒语，然后，褚英向上天跪叩，道："请求上天让我的父亲打败仗，败给乌拉军，那个时候，他们大败回来，我不给他们开城门。"然后，对天将毒咒符烧掉。

后来东窗事发，四个仆人中的一个畏罪自杀身亡，其他三个便跑到努尔哈赤那里告发褚英。

努尔哈赤接到举报，再次震惊。这次，他下了狠心，决定采取果断措施。万历四十一年，他将褚英囚禁在高墙之中。

努尔哈赤究竟会怎么处置褚英呢？大家拭目以待。同时，努尔哈赤也想看看大家的反应。

皇太极和众人一样，主张采取果断措施，不要姑息养奸，他坚决支持父亲重处褚英，以稳定大局。

努尔哈赤没有退路了，俗话说“虎毒不食子”，他下不了这个手啊。可是，形势所迫，容不得他婆婆妈妈。终于，到万历四十三年，努尔哈赤决定处死褚英。

褚英死了，年仅 36 岁。关于他的死，众说纷纭。有人说是被人行刑而死；也有人说是被努尔哈赤亲手杀死的。不管怎样，努尔哈赤杀子的传闻流传开来，越传越广，直到今天，人们还在叙说这个故事。

可怜的褚英，由于一时糊涂，不仅丧失了性命，死后还遭人唾弃，他的墓前光秃秃的，连个石碑都没有，让人叹息不已。

拉代善下马

代善以军功，以资历，以其在后金中的影响，强势登陆，成为褚英之后的太子。高处不胜寒，最终，代善被一双隐形的大手拉下了马。

红杏出墙

叶绍翁的《游园不值》中有一佳句："春色满园关不住，一枝红杏出墙来。"我们看《甄嬛传》，其中的甄嬛与果郡王之间可谓情色浓浓，贯穿了整个剧情，吸引着人们，这就是红杏出墙的魅力。但那是虚构的，强势的雍正帝怎么可能允许老婆红杏出墙呢？

可是，清宫历史上，还真的有人上演过一段狗血剧，男女主人公耐不住寂寞，红杏出墙了。这个男主人公是代善，女主人公则是衮代。

代善是谁呢？他是努尔哈赤的第二个儿子，褚英的同母弟弟。代善非常优秀，因作战英勇获赐号"古英巴图鲁"，天命元年（1616年）被封为和硕贝勒，参与国政，为四大贝勒之首，以序称大贝勒。代善领满洲两红旗（正红旗、镶红旗），在征伐女真各部、蒙古及明朝的过程中屡立战功。

局势已经很明显了，褚英被处死之后，代善即将成为努尔哈赤的合法继承人。

最关键的是，后来努尔哈赤召集众人，揭开了这个谜底。他对文武百官说："吾身殁后，大阿哥须赡养诸幼子和大福晋。"这段话在《满文老档》中记载得很清楚。

毫无疑问，努尔哈赤做了交代，百年之后，大阿哥也就是大贝勒代善要抚养努尔哈赤遗留下来的老婆和孩子。这意味着努尔哈赤的未亡女人都将是代善的女人。

这不乱伦了吗？那个时代，女真人的婚姻是这样，所谓"婚嫁不择族类，父死则子娶其母"。这就是所谓的"收继婚"。儿子娶的当然不会是亲生母亲，但即使如此，汉人也很难接受。这种婚俗，在满洲入关之后，基本上被废除了。

再说衮代。姓富察氏，这个女人经历坎坷，最初她嫁给了努尔哈赤的堂兄威准，给威准生育了三个儿子：阿兰泰柱、崇善、昂阿拉。可惜，在一场战役中，威准战死，年仅 29 岁。这样，按照当时的婚俗，她带着襁褓中的昂阿拉嫁给了努尔哈赤。

再婚后的衮代很得努尔哈赤的宠爱，在汗王宫里，衮代说一不二，成为女主人大妃。她甚至可以很随意地和努尔哈赤说话。万历二十一年九月，九部联军攻打建州，努尔哈赤却呼呼大睡，当时，谁都不敢惊动努尔哈赤，唯有衮代，她不顾一切地推醒了努尔哈赤，并且大声说："今九国兵马来攻，何故盹睡！是昏昧耶，抑畏惧耶？"

这种话谁敢说呢？那些大臣打死都不敢说。由此可见衮代的地位。

衮代为努尔哈赤生育了三个孩子：莽古尔泰、德格类和莽古济，衮代母子都深得努尔哈赤的宠幸。

就是这样的两个人：太子代善，深得努尔哈赤的信任和喜欢；大妃衮代，在汗王宫里呼风唤雨，说一不二。

他们之间上演了令人心动的剧情：衮代倾心于代善了。

档案中用“倾心”二字，实际上就是衮代爱上了代善，两个人之间居然有了详细的剧情。这个故事分两段。

一段是“送饭”。衮代由于惦记着代善，便做了极好吃的食物，派人送给了代善，代善“受而食之”，他愉快地接受，并且吃了。

一段是“幽会”。夜深人静之际，衮代寂寞难耐，便走出汗王宫，与代善约会，这样的约会，竟然发生了“两三次”。衮代红杏出墙了。

关于这段故事，红杏出墙的女主角，史学界争论不休，有人说是努尔哈赤的继妃衮代，也有人说是多尔衮的母亲阿巴亥（1590—1626 年）。本文选用衮代之说。

然而，这个多情的衮代万万没有想到，刚刚开始的爱情就被人发现了。

一纸休书

按说这种偷情的事情不会有人管，俗话说“捉奸抓双”，一定要抓个现形，谁能做到呢？有谁敢于捉这两个人呢？

还真有胆大的。这个人就是努尔哈赤的小福晋代音察，她早就看不惯衮代的飞扬跋扈了，于是，这个女人铤而走险，她跑到老汗王那里，准备告黑状。

努尔哈赤一看代音察，眉头就皱了起来：“你来这里干什么？”代音察诡异地一笑，道："老汗王别生气，我有要事相报。"努尔哈赤不耐烦道："你能有什么要事，赶快离开！"

代音察不高兴了，她说："如果汗王不听我的话，可别后悔。"努尔哈赤这才停下手里的工作，要她说到底什么事情。

代音察开始不肯说，接着要努尔哈赤到里屋相告。进了里屋，代音察一五一十地述说了代善和衮代之间的事情。

努尔哈赤开始不信，说："送饭这事没什么。"代音察说："大贝勒吃了，四贝勒没吃啊。大贝勒没问题吗？"意思是代善吃了，皇太极没有吃。

努尔哈赤否定代音察的判断，无奈之下，代音察说出了代善和衮代深夜幽会之事。这下子，代音察闯祸了，努尔哈赤当时就怒火中烧，恨不得杀了这对奸夫淫妇。

可是，努尔哈赤毕竟不是一介莽夫，他静下心来思索了一下，觉得还需要证据，光听代音察一面之词不行。于是，他下令成立专案组，调查此事。

努尔哈赤心说我这老脸也不要了，按说这种事儿，不适合让大臣来查办，可努尔哈赤为了搞清真相，便命令四大臣组成专案组，他们是达尔汗虾、额尔德尼、雅逊、孟阿图。

努尔哈赤选中这四个人来调查此事，让代善叫苦不迭。原来，这些人都和一个人有关系，这个人是谁呢？我们分析一下。

达尔汗虾，就是扈尔汉，他隶属正白旗，旗主是皇太极；额尔德尼，与皇太极交往密切，是皇太极党羽的骨干；雅逊，是皇太极的旗下人，善于见风使舵；孟阿图，正白旗人，也是皇太极的旗下人。

努尔哈赤也不知怎么想的，专案组的成员全是皇太极的人，他们定会征求皇太极的意见。

皇太极是什么态度呢？这个足智多谋的四贝勒当然觊觎汗位，而当今的太子代善是他最大的拦路石，必须拿掉他。这个意向大家还不明白吗？

所以，调查属实。代善与衮代偷情之事证据确凿，他们愉快地交差了。

这时衮代正在焦急地等待调查结果，她还抱有一丝幻想。结果下来了，她气馁了。可是，这还没完，接下来又有一个蒙古福晋告发衮代，说她从汗王宫里偷窃财物。

努尔哈赤大惑不解，偷东西干吗呢？这汗王宫里的东西都是你的啊，为什么要偷呢？他根本不信。蒙古福晋说："你去搜查，她藏在了阿济格家的柜子里。"努尔哈赤紧急行动，果然在阿济格家里搜出了衮代偷出的帛300匹，可谓人赃俱获。

这回努尔哈赤彻底崩溃了，他要怎么处理这件事呢？大家拭目以待。

努尔哈赤最终决定，宽恕代善。对于衮代，努尔哈赤思绪沸腾，他们之间毕竟走过了风风雨雨，生育了几个孩子，有的孩子还很小。所以，老汗王决定不杀衮代。

死罪可免，活罪难逃。努尔哈赤决定休了衮代，于是向她下达了一纸休书，要她立即离开汗王宫。这个时候的衮代，早已没了昔日的威风，她含泪离开。

欺君之罪

这个罪，那可是无与伦比的大，皇帝最恨的就是有人骗他，代善居然犯了这样的罪。

就在代善与衮代私通之后，努尔哈赤爱惜他是个人才，而且，太子之位不可轻动，只处分了衮代，对代善则没有处分。可是，他居然怙恶不悛，胆敢犯下欺君大罪。事情是这样的：

努尔哈赤决定搬家，从界凡城迁居萨尔浒城。搬家之前，努尔哈赤率领大家到萨尔浒，先看看地势再说。

努尔哈赤先查看了划定的宅基地，其实，就是包括他自己的府邸宅基。正在这个时候，代善凑近父汗，道："父汗，我想孝敬您，把我的宅基地让给您。"

努尔哈赤纳闷儿道："我为什么要你的宅基地呢？难道你要立功赎罪吗？"

代善道："不是的，是因为我的宅基地比您的宽敞，又平整。"努尔哈赤一调查，可不是，自己的府邸地基真的不如代善的好。他心里很不是滋味，心想这是怎么安排的，抱怨主事之人考虑不周。

但他转念一想，这件坏事变成了好事，代善表现积极，主动让出了自己的，很孝顺。

于是，努尔哈赤下令："就依大贝勒的建议，我用他的宅基地，大贝勒用我的宅基地。"努尔哈赤传达旨意，定下来了。

代善回去之后，又变卦了。他思来想去，觉得自己很委屈，把好端端的宅基地让给了父亲。怎么办呢？

这个时候，他得到了消息，他的大儿子岳托的宅基地又大又好。他动心思了，心想我为何不要他的呢？

可是，父汗已经宣布宅基地的使用方案，而且是对很多大臣宣布的旨意；更重要的是，父汗夸赞了自己的孝顺，怎么好轻易更改呢？

思虑再三，代善心生一计，何不假他人之口呢？他找来二贝勒阿敏和三贝勒莽古尔泰，请他们帮忙。

要说阿敏和莽古尔泰这两个人，对代善倒没什么意见；相反，两个人

看到“红杏出墙”事件中，代善没遭受处罚，稳坐太子之位，将来一旦登上汗位，还得仰人鼻息。两个人想到这里，表示愿意为代善效劳。

两个人跑到努尔哈赤那里，云山雾罩一通，便转入主题，替代善鸣不平。努尔哈赤很纳闷儿，道：“大贝勒自愿用我的宅基地，有什么委屈的呢？”

阿敏和莽古尔泰这才说出了真相：“岳托的宅基地比大贝勒的还好还大，这不公平呀，哪有做儿子的安心享受，而让父亲受委屈呢？”

努尔哈赤这才明白，原来岳托的宅基地最大最好，代善上次把自己的宅基地让给他，是为了要这个宅基地。想到这里，努尔哈赤满心不悦，但是也不能让代善得逞啊。努尔哈赤对两位道：“你们说得很对，岳托没有资格享用最好的宅基地。这样吧，代善还用我的宅基地不变；代善的宅基地修建大衙门，留作办公用；岳托的宅基地既然最好，那就我用吧。”阿敏和莽古尔泰听了努尔哈赤的结论，目瞪口呆，也不敢说什么，灰溜溜地回去了。

代善听到结果，大为不满，他要求阿敏前往申辩，坚决不要父亲那块宅基地。阿敏有什么办法，他只好厚着脸皮再去努尔哈赤那里禀告。

努尔哈赤一听，不由怒火中烧，他真没想到代善会这样，这不是欺君之罪吗？出尔反尔，简直可恶。愤怒之余，努尔哈赤决定以退为进，看看代善的反应：“既然这样说，大贝勒还用他自己的那块宅基地，我也不和他换了。”结果，代善居然接受了。

这个代善，反反复复，欺骗了努尔哈赤，老汗王又给他记上了一笔罪状。

废掉太子

真是一波未平一波又起，代善家里又出事了。代善的次子硕托叛逃了。

天命五年九月初三，努尔哈赤得到报告：“斋桑古、硕托和莫洛浑叛逃了，他们逃往明国。”努尔哈赤大吃一惊，那个时候，后金视明朝为仇敌，谁敢叛逃，就会被凌迟处死。

努尔哈赤并不相信，因为这三个人非同寻常：斋桑古是二贝勒阿敏的亲弟弟，自己的亲侄子；硕托是代善的次子，自己的亲孙子；莫洛浑娶了阿敏贝勒的妹妹为妻，是自己的侄女婿，典型的皇亲国戚。要说这三个人叛国，谁会相信呢？但是，努尔哈赤不敢掉以轻心，他派人前往三人的家，果然全不在家，这下努尔哈赤慌了。

于是，努尔哈赤下达了两道命令：一是封锁所有通往明国的道路；二是全力追捕三人。这天夜里，三人归案。

这个时候，最慌乱的就是大贝勒代善。他坐在那里一言不发，显然是没了主意。

他的福晋那拉氏走过来道：“你看你，慌什么。你没听说‘兵来将挡，水来土掩’这句话吗？”代善没理她。

那拉氏心里早有了主意。这个硕托并非她所生，而是代善前妻所生，她早就看他不顺眼，想除掉他，可是没有机会。这次，机会来了。

那拉氏道：“你不要犹豫了，赶紧找父汗去，一口咬定硕托叛逃明国，这事儿与你无关，让父汗杀了他，你也算洗清了，父汗会夸你大义灭亲，你也就此立功，岂不一举两得。”代善没言语。

那拉氏接着道：“你难道忘了硕托是个混账东西吗？他勾引你的小妾，你忘了吗？”代善这才想起，曾经一个叫作咯勒珠的人向他举报，硕托勾引他的小妾。

可是，不管那拉氏说什么，代善还是一言不发，他没有下决心。

这个时候，那拉氏急了，她一心想除掉硕托，便采取了激将法：“你不下决心，父汗不会放过你的。你忘了吗？你曾经勾引衮代的大罪还没有结论呢，不定什么时候，父汗想起来，会杀了你！”

这回代善惊醒了。他下决心，按照那拉氏所说，急匆匆来到努尔哈赤的驻地。

努尔哈赤接见了代善。代善道：“请求父汗杀了硕托。”接下来，代善滔滔不绝地叙说了硕托如何叛逃明国，又如何勾引自己的小妾，乱伦至极，必须杀掉他。

努尔哈赤不动声色，看着代善。他绕开硕托叛逃这件事，专门问起硕托私通的事情，代善说是有证人。

努尔哈赤传证人喀勒珠到场，亲自审讯。精明的努尔哈赤欲擒故纵，几个回合下来，喀勒珠漏洞百出，原来，喀勒珠被代善福晋那拉氏收买，故意诬陷硕托。努尔哈赤大怒，下令凌迟处死了喀勒珠。

这时代善仍然执迷不悟，竟然三番五次面见父汗，三次下跪，请求杀掉硕托。

努尔哈赤道：“你不要说了，硕托无罪，都是别人诬告的，其中包括你的老婆。”硕托被无罪释放了，接着，努尔哈赤揭露代善听信妻子谗言，虐待硕托，欲置之于死地。努尔哈赤下令，如果代善还为难硕托，就直接投奔爷爷（努尔哈赤）来，爷爷给你做主。

代善一看大事不妙，知道老婆坏了大事。怎么办呢？这个狠心的代善竟然亲手杀了妻子那拉氏，以取悦父汗。

努尔哈赤乘胜追击，要求儿子们揭露代善的暴行。

莽古尔泰心直口快，率先发言：“父汗说得很对，我们都很怕大贝勒，所以不敢说。我们也怕嫂子（代善之妻），更不敢说话。”

努尔哈赤看了看阿敏和皇太极以及扈尔汉，意思很明确，是要他们表态。这个时候皇太极心情大好，他早想扳倒这个飞扬跋扈的代善了，可是没有机会。如今，父汗要大家表态，他真想马上表明态度。可是他不能，因为他的羽翼还不丰满，时机还未到。

皇太极只是随着阿敏和扈尔汉一起，起立，站到了父汗的一边，仅此而已，好像很无奈的样子。

努尔哈赤就此下旨：“先前袭父之国，故曾立为太子，现废除太子。”代善一下子跌进了低谷，努尔哈赤的第二个太子又被废掉了。

一个女人的覆灭

这个女人就是努尔哈赤的最后一位大妃，乌拉那拉·阿巴亥。阿巴亥深得帝宠，子嗣兴旺，是努尔哈赤晚年形影不离的伴侣。努尔哈赤晚年，政局扑朔迷离，皇子们角逐继承人的斗争此起彼伏，阿巴亥深涉其中，最终遭到灭顶之灾。

三个大宝贝

阿巴亥12岁的时候，嫁进了努尔哈赤的家，成了这个大英雄的女人。当时，阿巴亥感到很委屈，不愿意嫁进来，为什么呢?

一是做填房。这个时候的努尔哈赤已经是妻妾成群，至少已有六七个女人，当时主事的是皇太极的母亲孟古姐姐。

二是年龄相差太大。虽说努尔哈赤是大英雄，早就远近闻名，但是，阿巴亥嫁过来的时候，他已经43岁了，两个人相差31岁，这不是隔辈人

代善一下子跌进了山谷，努尔哈赤的第二个太子又被废掉了。
太子

李寅语录

这是努尔哈赤最想得到的结果，他担心由于孟古姐姐的死，皇太极会嫉恨于他。因为当初正是建州与叶赫的矛盾和战争导致了纳林布禄的反目，从而波及了孟古姐姐。

的感觉吗？阿巴亥这样聪明、漂亮，怀春的少女，哪个不爱少年郎呢？

可是，他的叔叔布占泰为了保住乌拉，便不惜牺牲侄女的爱情，于万历二十九年十一月，狠心将她嫁给了努尔哈赤，想以她作乌拉部的保护伞。

阿巴亥嫁进汗王宫之后，小心翼翼，努力行事，深得上上下下的喜爱，尤其赢得了老汗王努尔哈赤的喜爱。两年后，孟古姐姐不幸病逝，努尔哈赤极力提拔阿巴亥，意外地让她做了汗王宫的大妃，主政汗王宫。

其实，这个时候汗王宫的女人们并不服气："她凭什么就成为大妃呢？"也是，年纪轻轻就主政汗王宫，努尔哈赤的决定未免过于草率。

可是，接下来，大家就服气了，谁也不说什么了。为什么呢？因为阿巴亥为努尔哈赤立功了，老汗王终于舒了口气："不错，没有看走眼！"努尔哈赤为什么这么夸她呢？

因为阿巴亥连续地生育，而且生育了三个皇子：万历三十三年，生皇十二子阿济格；万历四十年，生皇十四子多尔衮；万历四十二年，生皇十五子多铎。这三个皇子，努尔哈赤都很喜欢，大概是爱屋及乌吧，他爱阿巴亥，当然就会爱她所生的三个儿子，他们成了努尔哈赤的心肝宝贝。

天命九年正月初一，努尔哈赤在八角殿，接受众人的新年朝贺。这可是露脸的时候，阿巴亥的儿子阿济格排在第六位，已经很不简单了，因为他只有 19 岁，他之前的代善、阿敏、莽古尔泰和皇太极是久经沙场、能征善战的四大贝勒，之后就是阿济格，足见他地位的尊贵，已经是堂堂的旗主了。

更让人吃惊的是，紧跟其后的是阿巴亥的小儿子多铎，他才 9 岁，就有资格单独向努尔哈赤行礼，因为他已经是一旗之主。努尔哈赤也真是太溺爱这个孩子了，9 岁的孩子懂什么呢，就被给予旗主的待遇，让人为之侧目。

至于多尔衮，努尔哈赤另有安排。天命九年五月二十八日，努尔哈赤大摆筵席，为多尔衮举行了隆重的结婚典礼，科尔沁蒙古贝勒之女成为多尔衮的女人，年仅11岁的多尔衮成为新郎。

还有就是努尔哈赤赏赐给多尔衮15个牛录，使他成为15个牛录的主子，已经是很不简单的事情了。

这个时候的大妃阿巴亥雄心勃勃，因为她年轻，因为她很有资本，她凭借老汗王的宠爱，凭借自己的聪明，为三个儿子争得了地位，赢得了权势。很多人巴结她，在她的周围很快形成了一个不小的利益集团，阿巴亥成为一颗耀眼的政治明星。

关键时刻

阿巴亥进宫以来，一直很顺，可用顺风顺水来形容。可是，接下来，发生了一件让她意想不到的事情，那就是努尔哈赤在攻打宁远的时候大败而归。

天命十一年正月十四日，努尔哈赤集结13万大军，号称20万，浩浩荡荡进军宁远孤城。

努尔哈赤以必胜的决心，要拔下这颗钉在关外的钉子。他很自信，认为势在必得。临战之前，人们也分析了形势，一致认为对努尔哈赤有利。

首先，努尔哈赤人多，达到十三万人；宁远袁崇焕的兵力也不过两万人。其次，努尔哈赤有作战经验，是有名的“常胜将军”；而宁远守将袁崇焕是一介书生，没有什么著名的战绩。最后，努尔哈赤集结全部兵力，声势浩大；而明朝的将领大多慵懒无能，临阵退缩，不肯支援袁崇焕。

所以，战事还没开始，结论就已经出来了：努尔哈赤必胜，袁崇焕必败。

于是，努尔哈赤指挥八旗军先后攻克右屯、大凌河、小凌河、松山、杏山、塔山、连山，势如破竹，来到孤城宁远，兵临城下，放话给袁崇焕，要他们出城受降。

努尔哈赤意想不到的事情发生了，袁崇焕拒不投降！并且，他井井有条地制定了一系列行之有效的措施，力守宁远：

一是激情刺激。“刺血为书，激以忠义，为之下拜，将士咸请效死。”这个办法很灵，宁远上下拧成一股绳，誓死保卫宁远。

二是清除内奸，防止奸细里应外合。以往的经验证明，城内奸细往往坏事，他们涣散军心，里应外合，致使城池失守。所以，袁崇焕动员上下，揪出内奸，坚壁清野。

三是使用现代化武器——红衣大炮。袁崇焕安排西洋大炮入城，制作炮车。很快，这些现代化的大炮悉数到位，训练有素的炮手严阵以待。

对这一切，努尔哈赤并不知情，他下令把宁远城围个水泄不通，然后下令攻城。

接下来的几天是努尔哈赤人生中最灰暗的日子。二十四日、二十五日、二十六日接连攻城失利，八旗兵死伤无数，最关键的是努尔哈赤本人也遭到了不幸。《明熹宗实录》记载：“奴贼攻宁远，炮毙一大头目，用红布包裹，众贼抬去，放声大哭。”

还有一些史料也有类似的记载，大同小异，很明确地记录了努尔哈赤在战争中不幸被红衣大炮击中，现场极为混乱。

二十七日，努尔哈赤的军队大败而归。

这是努尔哈赤绝对没有想到的事情，他不仅没能取胜，还险些丢了性命。这让努尔哈赤颜面扫地，他简直痛不欲生，有一种生不如死的感觉。按理说，胜败乃兵家常事，他为什么会如此敏感呢？

原因之一是意外，太意外了。袁崇焕不过一介书生，与书呆子对阵，努尔哈赤都不屑一顾，胜了都不觉得有多荣耀；败给了他，努尔哈赤实在是太意外了。

原因之二是遗憾，努尔哈赤已经69岁了，他一生驰骋疆场，从不打败仗，这次他想轻松获胜，为自己的人生画上一个圆满的句号，却不承想大败而回，实在是遗憾之至。

原因之三是受伤。对于一个统帅来讲，负伤而回，本身就等于失败了。努尔哈赤万万没想到的是，自己居然被击中，狼狈至极。

大妃看到，努尔哈赤太郁闷了，从没有过的伤感掠过他的面颊，她有一种不祥的预感。

果然，过了几个月，到七月二十三日，努尔哈赤突发痈疽，便前往清河汤泉疗养。八月初一，努尔哈赤又派阿敏祈祷上天，显然毫无成效，病情日益沉重。努尔哈赤预感大限将至，便下令火速返回沈阳，以免死在外面。

他们一行沿着太子河返回沈阳，八月初七，刚刚到达浑河附近，努尔哈赤就坚持不住了，眼看不行了。就在这关键时刻，人们想听听老汗王在临终之际，会做出哪些交代呢?

美丽的覆灭

老汗王要交代后事了，他一定会找一个最有分量的人，来宣布他的遗嘱。人们揣测着这个人会是谁，代善，或是莽古尔泰，抑或是皇太极，因为他们是“四大贝勒”，是后金国的当家人，只有他们才有资格。

可是，老汗王的一句话，让所有人都大吃一惊：“叫大妃前来见我。”

大家奇怪，这个时候，老汗王为什么要见一个女人呢？

大妃正在焦急地等待老汗王的病情结果，她预感情况的不妙，开始早作打算。当她得到老汗王的谕旨，要她前往相见的时候，她略微收拾了一下，便匆忙前往。

资料记载，大妃和努尔哈赤相见的时间是八月初七，从这天开始，一直到八月十一，共计4天的时间，都只有大妃陪伴着努尔哈赤。所以，其间努尔哈赤说了什么，大家关注的重要问题，比如谁来接班，由谁辅政等，也只有大妃一清二楚。

努尔哈赤死了，人们认定，一直陪伴的大妃会宣布努尔哈赤的遗诏，这个结果一定对大妃非常有利。可是，接下来却发生了两件让人意想不到的事情，同时也是大妃意想不到的。

一件是大家拥立皇太极即位，这是大妃意想不到的事情，而且是代善坚决支持他即位，这让阿巴亥大感意外。当年，代善被拉下太子宝座，皇太极是支持的，甚至拍手称快，因为代善的落马，才给他以后的发展提供了机会。他怎么会支持皇太极即位呢？大妃怎么也想不通。

代善带领儿子岳托和萨哈廉宣布了自己的决定，并逼迫阿敏、莽古尔泰等王公大臣表态，拥护皇太极即位为汗。大家虽感意外，但还能说什么呢？

另一件就是让她殉葬努尔哈赤。这简直是晴天霹雳，她不敢相信，也不能接受。

按说，殉葬丈夫，在当时并不新奇。可是，阿巴亥认为不应该是她来殉葬，为什么呢？

一是她身份高贵。殉葬的人一般不会是正妻，只有那些身份低下的小妾，或是更加低下的侍妾，像她这样的大妃，堂堂皇后，是不会殉葬的。

二是对丈夫功劳大。阿巴亥自认为对汗王功劳很大，生育了三个皇子，基于这样的功劳，是无须殉葬的。

三是孩子小，需要母亲照顾，不应殉葬。这一年，多尔衮 14 岁，多铎 12 岁，这么小的孩子，需要她来照顾。

阿巴亥接到诸王大臣的殉葬要求，就坚决予以拒绝。她向诸王要依据，是谁让她殉葬的。

代善、皇太极等拿出了依据，是努尔哈赤的遗诏，上面写道："俟吾终，必令之殉。"

大妃已经是满眼泪水，她大声地驳斥："不是的，这不可能！"是的，怎么可能，如果努尔哈赤真要大妃殉葬，在这最后的 4 天里，他为什么不亲口告诉她呢？而要他的儿子们来传达，很显然是皇太极等人伪造的。

皇太极等岂能罢休，他们早有思想准备，于是，皇太极等下达了最后通牒："先帝有命，虽欲不从，不可得也。"看来是非死不可了。

大妃感到绝望，但她是聪明的，这个时候，她并没有慌乱，而是想到了自己两个未成年儿子多尔衮和多铎。于是，她说："我死可以，但是，你们要对天发誓，善待我的两个小儿子。"皇太极等人当然乐得其所，只要大妃肯殉葬，一切条件都答应。他们向大妃做了承诺。

走投无路的大妃便穿上了华丽的盛装，戴上珍贵的首饰，自尽身亡，年仅 37 岁。

就这样，褚英死了，代善被拉下了太子宝座，能与之抗衡的、实力强大的大妃被逼殉葬了，皇太极面前没有了障碍，只有大家一致的拥戴，他势在必得，接受众人拥立为汗，成为大清国第二位帝王。

第二章 聪明的汗王

皇太极足智多谋，运用智慧除掉心腹大患，运用智慧征服朝鲜，运用智慧三征林丹汗。皇太极是一位诸葛亮式的聪明的汗王。

汉人至上

我们今天的人会有这样的认识，在清朝，满洲人金贵，汉人低贱，所以才有满汉不通婚的习俗。满汉之间的关系达到了剑拔弩张的地步，是修复关系，还是继续为敌，这个艰难的政治难题摆在了皇太极的面前。

杀！杀！杀！

努尔哈赤时代的满汉关系是怎样的呢？一句话，非常紧张。要说努尔哈赤作为一个高瞻远瞩的政治家，应该知道民族团结的重要性，尤其是汉人，那么多，对他打江山，建立和巩固政权至关重要，他应该团结汉人。可是，努尔哈赤和汉人之间产生了严重对峙。这是怎么回事呢？

努尔哈赤大肆杀戮汉人。这要从两方面说，一方面是汉人士兵，也就是明朝士兵。努尔哈赤一生征战无数，主要是与明朝作战，杀了很多汉人士兵。比如天命四年三月的萨尔浒大捷，明军大败，士兵死亡无数。《清太祖武皇帝实录》记载:“横尸亘山野,血流成河,其旗帜、器械及士卒死者,蔽浑河而下,如流澌焉。”统计萨尔浒战役,明军损失:将领死亡 310 多位,军丁死亡近 4.6 万人,损失马、骡、驼共计 2.9 万匹。另一方面是大肆屠杀占领区的汉人。萨尔浒大捷后,努尔哈赤占领开原,大肆杀戮无辜汉民,几乎要将汉人斩尽杀绝。

就这样,努尔哈赤的八旗兵,以胜利者的姿态,以占领者的姿态,傲视汉人,欺凌汉人。那么,这些地区的汉人会是一种什么样的态度呢?

首先是惶恐不安。面对努尔哈赤的大肆屠杀,汉人风声鹤唳,闻风丧胆,只要一听金兵到了,便仓皇出逃。李民寏在《栅中日录》中这样写道:“辽沈之间,畏贼不能耕者,延袤数百里。”李民寏是朝鲜人,他毫无顾忌地记下了当时汉人惧怕努尔哈赤后金兵的场景。

其次是袭击和报复。俗话说:“哪里有压迫,哪里就有反抗。”汉人岂能坐以待毙,他们采取了报复行动。有的人在水和盐中投毒,这很危险,满洲人的牲畜被毒死,甚至连人的生命都遇到了危险。更有甚者,满洲人到汉人开的店铺买东西,也会遭遇生命危险。

这还不算,还发生了暴力袭击事件。在凤凰城,满洲人玛勒图被汉人杀死;在尚间崖,三个满洲人在行走途中被残忍杀害……这样的事件举不胜举。

这些事件被报告给了努尔哈赤,他先是大惊失色,感觉到事态的严重性,接着晓谕他的子民,要结伴而行,以防汉人的袭击。

接着,让努尔哈赤意想不到的事情发生了,汉人开始揭竿而起。

天命六年,镇江汉人陈良策起义。同年七月,陈良策与明朝将领毛文龙合力,生擒镇江游击佟养正。佟养正被押送明朝廷,不久被斩首。

天命八年,复州人民起义,1.1 万余男丁起义,投降明朝。

天命十年,海州汉人联络明将毛文龙,里应外合,袭击满洲人的屯寨。

面对气势汹汹的汉人反抗，努尔哈赤采取的是强硬的措施，坚决镇压。天命十年，努尔哈赤下达命令：彻底搜查叛逆的汉人。他认为两种人杀无赦，一是叛逃之人必杀，这些人属于叛逆，见一个杀一个；二是秀才绅士必杀，他们起到煽动闹事的作用，是带头叛逆之人。

所以，在努尔哈赤的心里，对待汉人形成了一个固定的模式，杀无赦。

这就是努尔哈赤去世后，满汉之间的关系，严重的对立。皇太极即位称汗，是延续父汗的政策，还是改弦更张？

“另类政策”

皇太极称汗之后，首先关注的就是满汉关系。他在想，这种紧张的满汉关系，一定会影响到他的宏图大业。怎么办呢？

改革，唯有改革才是出路。必须改变以往的政策，改善与汉人之间的关系，才能消除隐患。皇太极是个极聪明的人，他经过深思熟虑，采取了这样一些措施：

施行“满汉一体”的政策。努尔哈赤时代，满洲人一直有一种优越感，比如就业、孩子入学等，与汉民迥然不同。总之一句话，满洲人优越，高人一等。皇太极决心改变这一现状，他提出：“满汉之人均属一体，凡审拟罪犯，差徭公务，毋致异同。”就是强调要满汉一家，不要分出贵贱。

施行“编户为民”政策。改变汉人奴隶的地位。以往那些地位低下的汉人，被随意安排给满洲贵族，任意奴役，变成了没有人身自由的奴隶。

我们知道，奴隶不仅没有人身自由，就连性命都没有保障。皇太极称汗之后，要改变这一现状，他明确规定，汉人自己建立居住点，选择那些品学兼优的人为头儿，管理他们。这就是所谓的“编户为民”政策。

皇太极实行的这些政策，具有重要意义。

第一，改变了满洲人的形象。以往的满洲汗王，包括那些满洲贵族，在汉人心目中是非常恐怖的“胡子”，是杀人魔王。尤其是人们回忆起八旗军占领汉人城镇的时候，不是掠夺财物和人口，就是残忍地屠城。这不就是“土匪”和“胡子”的形象吗？这次不同了，皇太极宣布“满汉一体”政策，在一定程度上抑制了满洲人的权力，也就改变了满洲人的社会形象。满洲人开始和汉人和睦相处，共同生活，甚至出现了通婚现象。

第二，改变了汉人的社会地位。皇太极的“编户为民”政策使汉人心里有了底，感觉从此有了出路。比如那些满洲贵族家里的汉人奴隶，皇太极颁布了《离主条例》，规定这些奴隶可以依法告发他的主人，审讯属实即可按律治罪，奴隶离开其主，恢复自由之身。比如皇太极颁发新《逃人法》，在两个方面有了重大突破：一是既往不咎，过去有过逃跑经历的汉人，不再追究；二是对“叛逃”的人宽大处理，甚至允许逃走，逃到明朝去，但不许再回来。

皇太极的这两个政策，得到了广大汉民的支持，《清太宗实录》记载：“汉官汉民皆大悦，逃者皆止，奸细绝迹。”从此，汉人也有了“良民证”，他们改变了低下的地位，可以安心地生产和生活了。他们不但不想逃跑，反而觉得这里是他们生活的乐土。

皇太极的这种做法，很自然会遭到满洲贵族的抵制，认为他“出卖”了祖业，抑制了满洲贵族的权益，施行的是“另类政策”。但是，皇太极高瞻远瞩，并没有被这些“杂音”所吓倒；相反，他一如既往地坚持了这些“另类政策”，道路越走越宽。接下来，他又出台了让满洲贵族大吃一惊的政策。

关键人物

这个惊人的政策就是重用汉官。

按照常理，满汉官僚的使用，自然是满洲官员高于一切，汉官处在最低下的地位。可是，皇太极即位之后，不走寻常路，他宣布要重用汉官，优礼汉官。皇太极称汗时期，有两个汉官最受青睐。

一个是范文程。

范文程是个汉人，他究竟是怎样一个人呢？康熙皇帝曾经这样评价他："文程之策，可抵百万雄兵。"看来，这个汉人不简单，是个足智多谋之人。那么，他是被谁发现的呢？对这个人，还需要追述一下。

范文程（1597—1666年），字宪斗，号辉岳，辽东沈阳人。

范文程这个人才是被努尔哈赤发现的。关于范文程投靠清朝，有两种说法：一是主动投靠。范文程小的时候就喜欢读书，18岁的时候他考取了秀才，第二年，努尔哈赤称汗建制。万历四十六年（1618年），努尔哈赤攻下抚顺，范文程与兄范文寀主动求见努尔哈赤，投靠了后金政府。二是被迫归顺。努尔哈赤攻克抚顺等地，大肆掳掠，其"论功行赏，将所得人畜三十万散给众军，其降民编为一千户"，范文程兄弟，亦当在降民之列。由于范文程长得又高又大，引起努尔哈赤注意，便招至席前问话。范文程是何等聪明机敏之人，估计他给努尔哈赤留下的印象很好，于是，努尔哈赤便将范氏兄弟分给了镶红旗。

不管属于哪种情况，范文程归顺了努尔哈赤，成为他的马前卒。努尔哈赤也了解到范文程的身世，是历史名人范仲淹的第十七世孙。于是，努尔哈赤说道:“名人之后，善待之。”《清史稿》记载:“上伐明，取辽阳，度三岔攻西平，下广宁，文程皆在行间。”“皆在行间”，用词很妙，“行间”是什么? 可以是谋士，也可以是随从，还可以是随军打仗的汉人奴隶。

不管怎样，范文程在努尔哈赤时代仅仅是一个小小的章京，八年的磨炼，使他尝尽了酸甜苦辣。因为在满洲的军营里，汉官是不受重视的，经常遭到满官的冷嘲热讽，甚至是辱骂，没有什么社会地位。

皇太极即位，范文程的春天到了。

首先是将范文程安插在自己的身边。范文程很快成为皇太极的重要谋士，须臾不能离开。因为信任，便不能离开。有的时候，范文程都下朝了，刚刚离开，皇太极想起什么事情了，马上又给叫回来，说是有要事相商。

其次是对范文程言听计从。范文程参与讨论军政大计，皇太极最常说的两句话是“范章京知道吗”“何不与范章京商议”。资料记载，凡是范文程提出的建议，皇太极都会马上批准通过;凡是范文程不知道的建议，他都要耐心向其咨询，可谓言听计从。

关于皇太极优礼范文程的故事很多，举几个例子:

1. 赐饭。范文程经常陪着皇太极吃饭，这已经让满朝文武为之侧目了。有一次，开饭前，范文程迟迟不动筷子，皇太极开始不明白，一会儿他明白了。原来，范文程在惦记自己年迈的父亲，才不肯动筷子吃饭。于是，皇太极命人把这桌美味佳肴赐给范文程的父亲，以表达对范文程的礼遇。

2. 雪耻。顺风顺水的范文程遇到了一件糟心事，自己的老婆被人看上了。范文程的老婆很漂亮，远近闻名，他正引以为豪呢，意外发生了，多铎看上了自己的老婆，并且传出了绯闻。多铎是皇太极的异母弟弟，又是自己的旗主，怎么办呢？范文程一筹莫展，真想自杀雪耻。这个时候，皇太极给他雪了耻，狠狠地处置了多铎：多铎因谋夺大臣之妻被罚银万两，夺去所属牛录三分之一。

一个“喷子”

皇太极在天聪年间，还曾重用过一个汉人，这个人叫宁完我。

宁完我（1593—1665 年），字公甫，辽阳人。作为一个汉人，早在努尔哈赤时期就已经投靠了后金。

宁完我精通文史，才华横溢，可是，他并没有得到重用，而是被代善的儿子萨哈廉收为家奴，供人役使，处在社会的底层。

皇太极即位后，了解到宁完我的才华，决定起用他。皇太极对宁完我“面试”时，宁完我夸夸其谈，知无不言，言无不尽。大家觉得这个人不就是一个典型的“喷子”吗？

可是，皇太极很喜欢，做出了一个重要的决定：“出之奴隶，登之将列。”就是解除了他的奴隶身份，召进文馆，参与国家大事的讨论。宁完我被起用了。

对此，满洲亲贵颇有微词，认为大汗居然重用一个不靠谱的“喷子”，实在是让满人心寒。但是，皇太极很自信，认为自己没有看错。他就要起用、重用宁完我。

宁完我被皇太极重用了，他不负众望，果然做出了令人瞩目的成绩。

宁完我敢于直言，敢于说出别人不敢说的话；尤其敢于上书皇太极，鞭挞时政，建睿智之言。看看这个“喷子”都说了什么。

上书“定官制”。清朝初建，官制肯定不完备，国家机器运转不灵。

宁完我看到了这一点，便上书皇太极，要求建立“六部制”，就是仿照明朝制度，设立吏部、户部、礼部、兵部、刑部、工部，规定各部门职责，各司其职。

让人意想不到的是，宁完我居然长篇累牍地建议设立言官。这个言官就是可以随便说话，可以批评时政，甚至可以批评皇帝，说错了也不降罪。他尖锐地指出：“似此寂寂，岂国中真无事耶？”矛头直指皇太极：“言官既设，君身尚许指摘，他人更何忌讳？”这不是明目张胆地要弹劾皇太极吗？

上书“辨服色”。宁完我先夸了皇太极，说他礼遇汉官；接着，他话锋一转，批评了一些满洲亲贵凌辱汉官的做法。确实，由于汉官不懂满语，往往遭到满人的欺凌，这些汉官伤心至极：“有至伤心堕泪者，将何以招徕远人，使成一体？”

实际上，这种满洲亲贵欺凌汉官的情况屡见不鲜，皇太极是知道的。怎么办呢？宁完我建议要“辨服色”。就是满官和汉官要穿不同的服装，对汉官的语言、生活习惯、民俗风情要尊重，不许歧视他们。

上书“严军纪”。宁完我指出了八旗兵以往的掠杀政策：“师行所经，戒杀戒掠，务种德树仁。”实际上，八旗兵一直是奉行杀掠的政策，很不得人心。不仅如此，宁完我还告诫八旗兵不要随意扰民，要严明军纪。

上书“智取天下”。宁完我指出，要想得到天下，坐江山，必须智取，使用智慧，用谋略夺得天下；而最忌讳的就是莽撞。宁完我列举了一些古代的例子，也结合了先帝（努尔哈赤）创业的经验和教训，进一步强调了智取天下的重要性。

此外，宁完我还提出了许多非常辛辣的建议。在外人看来，宁完我就是一个“喷子”，说常人不敢说的话，而且滔滔不绝。出人意料的是，皇太极不但不反感，反而一律采纳。

『连环计』

皇太极是一个诸葛亮式的帝王，他多次利用智慧和谋略夺取一场场战争的胜利。有时，他会粉墨登场，亲自设计，比如他为了除掉袁崇焕，就利用了连环计。先借助袁崇焕之手杀掉毛文龙，再设“反间计”，利用崇祯帝之手除掉心腹大患袁崇焕。环环紧扣，毫无失误。

斗　智

天命十一年，努尔哈赤宁远战败之后，心情抑郁，于这年八月十一日一病归天。这件事给皇太极的刺激很大，他认定袁崇焕是努尔哈赤之死的罪魁祸首，是后金的心腹大患，一定要除掉他。

可是，谈何容易，皇太极决定从长计议。他深知，要想除掉袁崇焕，绝非一朝一夕之事。

而对于袁崇焕来讲，也正如皇太极所预料的那样，他正在深度思考与后金的关系。努尔哈赤刚刚去世，新主皇太极即位，必然与他为敌。而且，他早就知晓皇太极是个足智多谋之人，不好对付。

于是，袁崇焕做了一个重要决定：主动出击，他决定派出一个 34 人的团队，去沈阳完成两个任务，一个是为去世的努尔哈赤吊丧；另一个是为新登基的皇太极祝贺。

皇太极听到报告，那种感觉简直是像倒了五味瓶一样，愤怒、羞辱……什么都有。他真想将这 34 人全数逮捕，斩首示众。可是，皇太极转念一想，既然袁崇焕敢于派人前来，我为何不将计就计？再说，如果我杀了来使，必然会被别人笑话。

皇太极何等聪明，他采取羁縻之策：款待，好吃好喝地招待；送礼，给来使送骆驼、马、羊；回礼，就是给袁崇焕回礼，给他貂皮、人参、银两等物。最重要地，皇太极给袁崇焕写了一封信，阐述自己和好停战的意愿。

皇太极和袁崇焕，这对精明之人，第一次交锋，第一次碰撞，你来我往，表面上看，双方各有亏盈。皇太极，面对仇敌，却要强装笑脸，实在不易；袁崇焕，面对仇敌，却要以礼相见，大有负荆请罪之嫌，更属不易。

不过，这两个人毕竟存在区别，皇太极为一国之主，袁崇焕不过是明朝的一个将领，皇太极岂能一味甘拜下风呢。于是，他对皇太极开始了一系列的试探。

首先是提高身份。在给袁崇焕的信中，皇太极自称“大金”，与明朝的“大明”相对应。很明显，这是皇太极的自大行为。在当时，人们并不认可皇太极的后金政权，尤其是明朝将领，视之为“蛮荒边逆”之徒，岂肯与之相提并论。

面对皇太极的“自大”，袁崇焕置之不理，将皇太极的来信命人带回去，也不给其写回信。这虽在皇太极意料之中，但也深深感到了屈辱。

其次是麻痹对方。皇太极给袁崇焕写信，口口声声要和谈，不要战争；要与民休息，不要骚扰小民。看上去皇太极非常珍爱和平，实际上，他正在用兵朝鲜，大兵深入朝鲜境内，他无暇顾及袁崇焕。如果袁崇焕釜底抽薪，趁其不备，给予袭击，那将非常糟糕。

接下来，皇太极给袁崇焕写了一封信。袁崇焕打开一看，大吃一惊。

“变色龙”

袁崇焕一看皇太极的信件，吃惊不小。为什么呢？

原来，皇太极给他下达了一封宣战书。信中，皇太极提出了“七大恨”：一恨癸未年明朝兴兵害死他们的两位祖宗；二恨癸巳年、己亥年与哈达、叶赫等部落战争中，不支持建州；三恨癸丑年明朝联合叶赫侵入建州；四恨扣押使臣，出尔反尔；五恨把已聘的叶赫女人改嫁蒙古；六恨明朝犯边，夺取关东三宝：人参、貂皮、鹿茸；七恨甲寅年明朝听信叶赫之言，欺凌建州。这就是皇太极的“七大恨”，与天命三年（1618年）努尔哈赤的“七大恨”大同小异。

接着，皇太极开出了条件，要明朝赔偿后金损失：黄金十万两、白银百万两、缎百万匹、布匹千万匹。不仅如此，皇太极还提出了和谈之后，明朝和后金之间互赠礼物的条件。明朝每年馈赠：黄金万两、白银十万两、缎子十万匹、布三十万匹；后金每年馈赠：东珠十颗、貂皮千张、人参一千斤。

袁崇焕一看，先是大吃一惊，因为当年努尔哈赤就是凭借“七大恨”起兵反明，声势凌厉。如今，过去这么多年，皇太极居然旧事重提，还提这点儿老账，实在是太可怕了。

不过，接下来，袁崇焕又释然了。为什么呢?

他看到了皇太极末尾附上的和谈条件，明朝应该做什么，后金应该做什么。他一对比，便哑然失笑了。“纯粹是虚张声势!”这是袁崇焕的结论。

袁崇焕分析，皇太极的“七大恨”与当年努尔哈赤的“七大恨”迥然不同，努尔哈赤的是讨伐宣言，皇太极的则是索要条件。简单一句话，他就是要钱要物，此外无他。

意识到这点，袁崇焕转换了角色，他开始反守为攻，反击皇太极的种种不是。

袁崇焕指出，这些所谓的“七大恨”，不过是口舌之争，没有什么大不了的；接着，袁崇焕反戈一击:“你说得振振有词，我难道就无话可说了吗?”最后，袁崇焕咄咄逼人，提出了三点，针锋相对：一是你们占领的城池何时归还?二是你们俘获的官民何时释放?三是你们进攻朝鲜何时撤兵?

皇太极接到袁崇焕的回信，肺都要气炸了，真想发作一番，出兵宁远，捣平他的老巢。可是，皇太极毕竟是个足智多谋之人，他转念一想，袁崇焕这么强硬，需要变换一下方式。怎么办呢?让步。

皇太极的让步分两步走：先是政治上让步，他表示愿意降格，不再坚持“大金”与“大明”相提并论，而是认可低人一等；天聪三年，皇太极甚至愿意去掉“天聪”年号，这已经是最大的让步了。

接着是经济上的让步，将明朝赔偿损失降低至一半：黄金五万两、白银五十万两、缎子五十万匹、布匹五百万匹。而后金给明朝的礼品数目基本不变。

而袁崇焕呢，也没有一味坚持强硬，而是及时调整了策略。他趁皇太极无暇顾及之际，加紧修复锦州、中左所、大凌河的防御工事，为抵御皇太极的入侵做好准备。

皇太极和袁崇焕这两个对手，态度时软时硬，变化无常。他俩都是根据形式的变化而调整政策，就像两条变色龙一样，让人难以捉摸。

一句错话

要说袁崇焕是个奇才，一点儿也不假，他在天命十一年，以少胜多，击败了努尔哈赤的大军，保卫了孤城宁远，号称“宁远大捷”，震惊了朝野。皇太极即位之后，又与皇太极斗智斗勇，令皇太极为之钦佩不已。

可是，袁崇焕也有软肋，那就是自负，可能是他作为文人表现出来的弱点吧。

崇祯元年七月，重新起用的袁崇焕被崇祯帝召见于平台，君臣之间进行了一番对话。

崇祯帝道：“当今之际，最让朕担忧的就是‘辽事’，爱卿有什么办法吗？”所谓“辽事”，就是指后金政权的崛起，对明朝政权构成了巨大威胁。崇祯帝问完话，看着袁崇焕，希望他思索一下再回答。

可让崇祯帝没想到的是，袁崇焕竟然不假思索，率然答道：“臣受陛下特眷，愿假以便宜，计五年，全辽可复。”

袁崇焕的这番话让崇祯帝大吃一惊。“辽事”已成心腹大患，怎么可能五年就可解决呢？崇祯帝诧异之余，又想紧紧抓住这个机会，绝对不让袁崇焕白白许下这个诺言，道：“复辽，朕不吝封侯赏！”意思是，如果你真能五年复辽，我就给你封以爵位。崇祯帝还承诺，一定荫及子孙。

崇祯帝说完，就出去了，他想休息一下。这个时候，一个姓许的同僚问袁崇焕：“你真的能够五年复辽吗？”袁崇焕道：“我看到皇上焦虑，便随

口一说，以解皇上的焦虑而已。”

同僚大惊失色道：“这可是非同小可的事情，五年之期很快就到，如果复辽无望，等于欺君之罪呀。”

直到这时，袁崇焕才意识到刚才说了一句错话。怎么办呢？他想挽回。

这时，崇祯帝回到御座上。袁崇焕道：“皇上，五年复辽，需要各部配合才能实现呀。”崇祯帝道：“你说说看，需要哪些部门的配合？”

袁崇焕道：“各部都需要，比如户部的军饷，工部的武器供给，吏部的人事配合，兵部的将领选择，等等。”

崇祯帝看了看在场的各部官僚，大家都纷纷承诺：“一定全力配合。”听到大家的应诺，崇祯帝非常满意，他点了点头，看着袁崇焕。

这个时候的袁崇焕是没有退路了。他还能怎么办呢？自己无意之间说了一句错话——“五年复辽”，其实，这更是一句大话，简直就是天方夜谭。

袁崇焕悔之晚矣，他很懊恼，五年之后，一定很难实现的目标，会把自己推上不归路。想到这里，他不禁打了个寒战。

借刀杀人

一句错话“五年复辽”已经让袁崇焕背上了巨大的心理包袱，接下来，袁崇焕又做了一件大错特错之事，即“先斩后奏”。袁崇焕杀的这个人正是毛文龙。

毛文龙，浙江杭州人，是明朝的一员悍将，他长期占据辽东一代岛屿，与清军为敌，是皇太极的心腹大患。这样，在皇太极心中，有两个人必先除掉，一是毛文龙，二是袁崇焕。

可是，要除掉这两个人谈何容易，尤其是毛文龙，拥兵数万，非常强悍，凭借武力强行讨伐几乎不太可能。皇太极思索再三，决定设计除掉他们。

皇太极用计除掉毛文龙这件事，在各种史料中都有记载。

《国榷》："而建虏以扼其背，甚忌之，阴通款崇焕，求杀文龙，而崇焕中其计不觉也，惜哉！"明确指出袁崇焕中了皇太极的计谋。

《石匮书后集》："无以为信，其函毛文龙首来。"这是皇太极对袁崇焕的要求，也可以说是威胁，告诉袁崇焕，要想议和，拿出诚意来，那就是用毛文龙的脑袋换取我们之间的和平。

还有一些其他的史料，证实了袁崇焕中了皇太极的计策，擅杀了大将毛文龙。

关于袁崇焕杀毛文龙的细节，很具戏剧性。《明史·袁崇焕传》条中有很详尽的记载。

天聪三年六月初，袁崇焕以阅兵为名，登双岛会见毛文龙。为了斩杀毛文龙这个枭雄，袁崇焕绞尽脑汁，设计了一系列步骤，环环紧扣，最终把毛文龙逼进死胡同。

第一步，欢饮。袁崇焕来到双岛，毛文龙欢喜相迎。袁崇焕"与相燕饮"，欢快到夜半时分，毛文龙还以为遇到了知音呢，浑然不觉。

第二步，刺激。袁崇焕屡屡提到更换营制，设监司，试探毛文龙的态度。毛文龙果然怫然不悦。这就更加坚定了袁崇焕要除之而后快的决心。

第三步，缴械。实际上，对于毛文龙这样的将军，他本人是否携带武器并不重要，重要的是他的那些警卫人员。袁崇焕认识到这一点，便把他引至山上，身边的"部卒"被阻挡在外，不得进入。同时，命令参将谢尚政率领武士埋伏在大帐之外。至此，毛文龙成了瓮中之鳖。

第四步，麻痹。尽管布置周密，袁崇焕还是谨慎为之。他时而询问毛文龙身边随从的身份，时而夸赞毛文龙多年为国效力的辛劳，云山雾罩，不知所云，让毛文龙摸不着头脑。

第五步，突然发难。正当毛文龙迷惘，不知所措之时，袁崇焕突然发难，声色俱厉，毛文龙蒙了。袁崇焕命人摘下毛文龙的冠带，捆绑起来。袁崇焕的突袭，让毛文龙措手不及。

第六步，列罪。毛文龙当然要反抗，无论他的性格，还是他的体质，都使得他极力反抗，这在袁崇焕的预料之中。但是，有备对无备，毛文龙一定被缚无疑。他被摁倒，跪在袁崇焕面前。袁崇焕历数毛文龙的死罪，共计十二款：专制跋扈、欺君冒功、大逆不道、侵冒军饷、里通外国、贪婪僭越、沦为盗贼、强娶民女、滥杀无辜、认贼作父、虚报战功、养痈为患。

就这六步，把一向飞扬跋扈的毛文龙吓毛了，他失魂落魄，扑通跪下，向袁崇焕求饶。

袁崇焕乘势道："大家说说，毛文龙当杀不当杀？"众人吓坏了，尽管如此，还是有些人站出来为之说话，说他功劳大，应留性命。袁崇焕力排众议："毛文龙大逆不道，辜负朝廷，如果我今天杀错了毛文龙，改天你们杀了我。"说完，袁崇焕跪向北京方向道："皇上，如果我不能获得成功，他日，皇上也像杀毛文龙一样杀了我！"于是，袁崇焕命令水营都司赵可怀用尚方宝剑砍下了毛文龙的脑袋。

袁崇焕杀了毛文龙，虽然解除了自己的后顾之忧，同时，也解除了皇太极的后顾之忧。皇太极早就想除掉毛文龙这个心腹大患，通过袁崇焕之手，借刀杀人，实现了这一目标。更重要的是，毛文龙被杀后，他的部将孔有德、尚可喜等纷纷投降皇太极，成为他帐下的重要将领，效力后金，袁崇焕中计了。

调虎离山

皇太极通过袁崇焕之手，杀掉了心腹大患毛文龙，舒了一口气。接着，他要除掉另外一个心腹大患袁崇焕。

可是，谈何容易呢？皇太极心里清楚，如果直接进攻，与袁崇焕两军对峙，除掉他，恐怕有难度。而且，最关键的是，当皇太极进攻朝鲜的时候，袁崇焕加紧宁锦防线的建设，早就做好了迎接皇太极大军的准备。

皇太极思考再三，决定用计谋除掉他。怎么办呢？将他引入关内，让他的主子崇祯皇帝杀掉他。想到这里，皇太极自己都吓了一跳。

天聪三年十月，皇太极亲统十万大军伐明。不过皇太极避开了袁崇焕的防线，从沈阳出发，折向西北，进入科尔沁境内。这个时候，让皇太极意想不到的事情发生了，有人强烈反对皇太极入关伐明。谁这么大胆子，敢于反对皇太极呢？

两个人：一个是大贝勒代善，另一个是三贝勒莽古尔泰。

《清太宗实录》记载："大军次喀喇沁之青城，大贝勒代善、莽古尔泰于途次私议，晚诣御幄，止诸贝勒大臣于外，不令入，密议班师。"

《清太宗实录》明确记载，代善和莽古尔泰反对皇太极发军征明。这两个人找到皇太极，不让其他大臣进入，坚决阻止皇太极进军。这是非同小可的事情，因为他们地位尊贵，如果提出反对意见的话，必须班师回朝。

代善和莽古尔泰举出几点理由：

1. 孤军深入，有危险。

2. 疲惫之师，有危险。长途跋涉，突破长城防线的时候，已成强弩之末。

3. 陷入敌境，有危险。一旦进入长城防线，即陷入明朝境内，前堵后截，危险异常。

皇太极一看，恼怒不已。这个时候，岳托、济尔哈朗、阿巴泰、萨哈廉、杜度、阿济格、豪格等众人一齐进来，请求皇太极拿主意。可是，他们看到的是皇太极的愤怒，他正怒气冲冲地坐在那里，一言不发。

这个时候，君臣之间，陷入了僵局。怎么办呢？皇太极突然有了主意。

也就是在这个时候，岳托、济尔哈朗等坚决支持皇太极继续进军。皇太极并没有采取强迫代善、莽古尔泰服从的办法，而是神秘地对大家说："此次出兵，绕道内蒙古，我是有深意的，这是我的一个计策。大家尽管放心，大贝勒、三贝勒所担心的事不会出现。"

代善一听，马上表示了支持："那就好，既然汗王此次进军是个计策，我支持。"代善怎么会转变得这么快呢？因为，代善深深了解皇太极的智谋，当年自己在争夺汗位的时候，皇太极使用智谋，打败了代善，代善心服口服，曾说过这样的话："你足智多谋，应该即位。"所以，他对皇太极的智谋是毫不怀疑的。

莽古尔泰一看代善支持皇太极，虽然不理解，但他是一介武夫，没有什么主见；加之此时孤掌难鸣，不得不说："那我也支持汗王进军。"

皇太极究竟想出了一个什么计策让大家心服口服呢？就是调虎离山之计，为了除掉袁崇焕这个老虎，他决计调虎离山，绕开他，从喜峰口进入。如入无人之境，横扫遵化，遵化陷落。之后，皇太极率军直趋北京。

这个时候，皇太极大军惊动了崇祯帝，他赶忙宣布北京戒严。袁崇焕这才从睡梦中惊醒，急忙率军勤王，保卫京师。他被调出来了，非常被动地一路尾追皇太极部队。

皇太极怎么办呢？他决定再出一计，置袁崇焕于死地。

反间计

反间计是《三十六计》中的一计，具体讲，就是识破对方的阴谋，巧妙地利用计谋攻击对方。《三十六计》或称“三十六策”，是指中国古代三十六个兵法策略。

历史上，最著名的反间计实例，发生在三国时代。三国时期，赤壁大战前夕，周瑜巧用反间计，使曹操的谋士蒋干中计，杀了心腹大患蔡瑁和张允。故事情节非常生动：

周瑜佯装大醉，约蒋干同床共眠。蒋干见周瑜不让他提及劝降之事，心中不安，哪里能够入睡。他偷偷下床，见周瑜案上有一封信。他偷看了信，原来是蔡瑁、张允写来，约定与周瑜里应外合，击败曹操。这时，周瑜说着梦话，翻了翻身子，吓得蒋干连忙上床。过了一会儿，忽然有人要见周瑜，周瑜起身和来人谈话，还装作故意看看蒋干是否睡熟。蒋干装作沉睡的样子，只听周瑜他们小声谈话，听不清楚，只听见提到蔡瑁、张允二人。于是蒋干对蔡瑁、张允二人和周瑜里应外合的计划确认无疑。蒋干连夜赶回曹营，让曹操看了周瑜伪造的信件，曹操顿时火起，杀了蔡瑁、张允。等曹操冷静下来，才知中了周瑜反间之计，但为时已晚。

皇太极为了除掉袁崇焕，便实施了一个蓄谋已久的反间计。

他先是采用调虎离山之计，将袁崇焕调出了宁远。清军从喜峰口突入，突破长城防线，攻略遵化，占领蓟州，崇祯帝匆忙宣布京师戒严。

这个时候的袁崇焕干吗呢？用两个字概括——“被动”，他被动地入关勤王，又被动地尾追，尾追于皇太极的大军后。

这个时候，袁崇焕被皇太极牵着鼻子，从宁远到蓟州，从蓟州到通州，从通州到北京，一路之上，被动地尾追。按理，袁崇焕应该对远道而来的皇太极不予理睬，先期抵达蓟州，在蓟州到通州之间，或通州到北京之间设下防线，阻挡八旗军入京，誓死捍卫京师的安全。

也正因为如此，崇祯帝对袁崇焕产生了信任危机，他怀疑袁崇焕勾结皇太极，才使得八旗军兵临城下。所以，崇祯帝不允许袁崇焕的部队进城休养。

但是，袁崇焕毕竟是崇祯帝起用的重臣，被寄予厚望。虽然朝野上下流言四起，说袁崇焕通敌卖国，崇祯帝还是将信将疑。直到后来发生了一件意想不到的事情。

这件事情是皇太极导演的一幕“狗血剧”。《清太宗实录》中有详尽的描述：

先是，获明太监二人，令副将高鸿中、参将鲍承先、宁完我、巴克什达海监守之。至是还兵，高鸿中、鲍承先遵上所授密计，坐近二太监，故作耳语云：“今日撤兵，乃上计也。”顷见上单骑向敌，敌有二人来见上，语良久乃去，意袁巡抚有密约，此事可立就矣。时杨太监者，佯卧窥听，悉记其言。庚戌，纵杨太监归，后闻杨太监将高鸿中、鲍承先之言，详奏明主，明主遂执袁崇焕入城，磔之。

看完这段话，不就是《三国演义》中，周瑜设下反间计，使蒋干中计，蒋干说服曹操，杀掉蔡瑁和张允的故事翻版吗？这段剧情看上去非常狗血，明显带有抄袭的嫌疑。可是，却被载入实录之中，可见是真实的。

崇祯帝相信了杨太监的话，逮捕袁崇焕，投进刑部大牢。他的最终罪名是“谋叛欺君，结奸蠹国，擅杀将帅”，处分结果是，袁崇焕被判磔刑，就是千刀万剐，身被 3543 刀，血尽而死；没收家产，兄弟、妻子流放三千里。

皇太极笑了，他假借他人之手除掉了两个心腹大患：借袁崇焕之手除掉了毛文龙；借崇祯帝之手除掉了袁崇焕。这套连环计，太成功了。

与朝鲜的角色转换

朝鲜与中国唇齿相依，历来关系密切。可是，那个时候，朝鲜奉明朝为正朔，并不承认皇太极主政的后金国，聪明的皇太极要通过怎样的手段，才能实现自己的目的呢？

两种态度

要说朝鲜和明朝之间的关系，那也是通过战争才留下的“同志式的友谊”。早在明朝万历十九年，日本丰臣秀吉率16万大军侵入朝鲜。明神宗朱翊钧派军抗日援朝，前后派兵数万，打退日军的侵略。所以，朝鲜国王肃宗曾经这样说过：“神宗皇帝于我国，有万世不忘之功矣。当壬辰板荡之日，苟非神宗皇帝动天下之兵，则我邦其何以再造而得有今日乎？”

明军帮助朝鲜打败了日军，当然不会白打，明神宗成为朝鲜的大恩人，朝鲜成为明朝的藩属国，向其称臣纳贡。

皇太极笑了。他假借他人之手除掉两个心腹大患：借袁崇焕之手除掉了毛文龙；借崇祯帝之手除掉了袁崇焕。

李寅语录

要说阿敏和莽古尔泰这两个人，对代善倒没什么意见：相反，两个人看到『红杏出墙』事件中，代善没遭受处罚，稳坐太子之位，将来一旦登上汗位，还得仰人鼻息。两个人想到这里，表示愿意为代善效劳。

努尔哈赤称汗之后，后金的力量逐步强大，与明朝之间经常发生战争。朝鲜怎么办？按理，它是明朝的盟国，也是明朝的小弟弟，当明朝面临战争威胁的时候，它理应派兵帮助。这样，朝鲜与后金之间的关系就非常尴尬了：帮助明朝，必然得罪后金；不帮助明朝，明朝不干，怎么办呢？

朝鲜还是毫不犹豫地选择支持明朝。天命三年，朝鲜出兵，帮助明朝征伐后金，从此，朝鲜与清朝之间结下仇怨，他们鄙视清朝的人们，在朝鲜的史料中，会看到一些轻视的词语，如“鞑子”“奴贼”等。看到这样的称谓，努尔哈赤很气愤，他怒斥道：“你们总是这样不礼貌地称呼我们，究竟是为了什么？”

这个时候的朝鲜表明了态度，这个态度，谁看了都会愤怒异常。

据资料《燃黎室记述》记载：“天朝之于我国，犹父母之于子也；父之有命，子敢不从乎？”明确表态，我们和明朝是父子关系，明朝为父，我为子，我们听明朝的。言外之意，明朝让我们做什么，我们就毫不迟疑地做什么。

努尔哈赤太郁闷了，一时之间，他气得不知所措。要如何处理这件事情呢？努尔哈赤突然想了起来，要征求一下大家的意见。于是，他召集自己的几个儿子，想听听他们对此事的看法。

四大贝勒都到了，大家听完老汗王的意见，陷入了沉思。大家知道，这是一个课题，不可轻易说话，一定要深思熟虑之后，才可以发声。

三贝勒莽古尔泰是个直性子的人，他口无遮拦，有话直说。只见他噌地站起来，大声道：“像朝鲜这样的，还有什么说的，他们帮助我们的敌人，攻击我们，也不给我们任何朝贡，只有出兵，灭掉他们！”

莽古尔泰的建议，代表了大多数人的意见。所以，他一说完，大家都很赞成，一时之间，讨伐朝鲜的呼声一浪高过一浪。

努尔哈赤并没有头脑发热，他看了看大贝勒代善，很想听听他的意见，道："大贝勒，你是什么看法，不妨说说。"

代善看了看莽古尔泰，大声道："我们最主要的敌人是明朝，如果我们再和朝鲜为敌，两面作战，有这个能力吗？"说完，他愤怒地站起来，简直是怒不可遏的样子。

努尔哈赤看罢，忙道："代善，你不要激动，我就听从你的意见。"

这个时候，一直沉默不语的四贝勒皇太极是什么意见呢？努尔哈赤当然最想知道了。他了解，这个四贝勒城府很深，一定另有见解。

皇太极沉思良久，缓缓站起来，他看了看莽古尔泰，又看了看代善，最后他朝向父汗，深深一拜道："我们攻打明朝，朝鲜助之，是为后顾之忧，所以，绝对不可能置之不理！"

努尔哈赤陷入了沉思，他思考了大家的意见，对于朝鲜，明显的两种态度，主战与主和，谁是谁非？代善、莽古尔泰与皇太极，谁是对的？他头脑乱极了。

打过去

皇太极的态度很明显，对朝鲜必须以武力相威胁，此外无他。他为什么得出这样的结论呢？皇太极举了两个例子：

一是朝鲜允许"辽民"逃往朝鲜，并为之提供方便。

二是为明军提供军事基地，比如长期允许明朝将领毛文龙占据皮岛、铁山。毛文龙以此为根据地，不断牵制、袭击清朝的军队，成为清朝的心腹大患。

仅此两条，就足以使努尔哈赤痛下决心，重拳出击，出兵征服朝鲜。可是，努尔哈赤没有这么做，他还是听从了代善的建议，对朝鲜采取妥协的态度。那么，皇太极即位之后，他对朝鲜的态度是沿袭努尔哈赤的妥协，还是另有变化呢？

让朝鲜大吃一惊的是，皇太极态度极为强硬，他要出兵征伐朝鲜。

天聪元年正月初八，皇太极派出三万大军，征伐朝鲜，由二贝勒阿敏挂帅。征朝大军士气高涨，一路势如破竹，横扫朝鲜半岛：正月十三日，攻陷义州；正月十五日，攻陷定州；正月十八日，攻陷郭山城；正月二十一日，攻陷安州；正月二十六日，大军开进平壤；正月二十七日，占领中和，仅仅半个月的工夫，八旗劲旅接连攻下半岛城池。

阿敏太顺利了，战报频传，皇太极听后大喜："我就知道，朝鲜唾手可得。"他对阿敏等大加赞赏，准备凯旋的时候封赏功臣。但是，皇太极是清醒的，他怕阿敏产生骄傲的心理，也怕八旗兵远征失利，便秘密授予阿敏几条原则：

第一，一定抓住战机。皇太极指出，凡是战机转瞬即逝，一定要抓住，不然悔之晚矣。

第二，便宜从事，不用请示。"将在外，军令有所不受"的道理，皇太极是知道的。他授予阿敏便宜行事的权力，遇到重要事项，自己判断，征求大家意见，断然处置。

皇太极太聪明了，他对阿敏用而不疑，假以权力。这使阿敏做事非常得心应手，他可以放手决定大事。果然，战事顺利，朝鲜半岛指日即可占领。

在这亡国灭种的关键时刻，朝鲜方面是什么反应呢？

一是逃跑。以国王李倧为首的朝鲜王室人员，匆忙逃往江华岛，已成惊弓之鸟。

二是主和。最初，也有一些将领主张抗击皇太极的八旗军。但是，朝鲜方面无能为力，寄希望于明朝的支援，尤其希望袁崇焕出兵征讨。可是，袁崇焕也无能为力，他自顾不暇，加之不想为此而得罪皇太极，只是象征性地虚张声势了一番，便撤兵回防。所以，包括李倧在内的主和派占据了主旋律。

本来，阿敏以为李倧会乖乖出来受降，与之签订城下之盟。可是，让他意想不到的事情发生了。

朝鲜国王李倧并不服气，他理直气壮地写信给阿敏，言辞很激烈，质问皇太极为何出兵朝鲜，并指责八旗军为不义之师。

阿敏一看，先是大吃一惊，佩服李倧的胆量，城下之盟居然敢于如此说话。接下来，他会怎么办呢？

不服气的李倧

作为朝鲜国王的李倧，面对阿敏的军事恫吓，采取了两方面应付的手法。一方面乞求停兵罢战，另一方面为了朝鲜利益而与之争论不休。

阿敏一怒之下，回书李倧，列举朝鲜七大罪，比如帮助明朝讨伐后金，允许明朝将领毛文龙驻兵搅扰后金，努尔哈赤病逝朝鲜不派使节临丧，等等。一条条的罪状，摆在了李倧面前，他会“认罪”吗？

李倧不认罪，他回信阿敏，逐条驳回。阿敏大怒，下令继续进兵。万般无奈之下，退居江华岛的李倧做了妥协的决定。一是送礼：各种布15450匹、虎皮60张、鹿皮40张、倭刀8柄、鞍辔100套。二是与阿敏结盟，就是兄弟之盟，金国为兄，朝鲜为弟。就这样，李倧在江华岛与阿敏歃血为盟。

在大军压境的背景下，李倧别无选择，只有屈居人下。字也签了，盟也结了，两国之间“称兄道弟”，看来万事大吉了。

可是，这个李倧旧病复发，在以后的日子里，他出尔反尔，多次向后金发难。

一是要求皇太极归还占领的义州。阿敏与李倧签订盟约之后，八旗兵撤离朝鲜半岛，但是，唯有义州还在占领之中，李倧强烈要求八旗兵撤出义州。

二是要求减少贡物。皇太极与朝鲜的合约，除了要求承认皇太极的政权之外，还要求朝鲜向其进贡大量的物品。李倧对此不满，采取了拖延的办法，或者不按质按量完成指标。

对于这一点，李倧一直强调，贡品数量太大，我们完不成；还有就是有的东西不是朝鲜特产，无法进贡。皇太极大怒，想通过特殊办法使李倧就范。

皇太极把这件事上纲上线，对李倧的做法，皇太极指出："如果你们不按时、按质、按量完成交给你们的贡品数量，就是你们轻视我大金！"这个罪名让李倧难以承受。

三是不帮助后金。为了考验朝鲜的真诚度，皇太极向李倧提出要求，要他帮助后金伐明，具体做法是出兵和借船。出兵的数量和借船的数量是有要求的，其中，所借船只的数量不能少于300艘。

李倧怎么办呢？拒绝，他既不出兵，也不借船，表达了不愿帮助后金的意思。

皇太极看出来了，这个李倧表面上看是不服气，实际是反对后金，也就是不承认后金的主人地位，不如数进贡，也不派兵征明，其实质就是尊明朝为正朔，后金只能屈居第二位。这就是李倧的态度和立场。

李倧纵然是不服气，坚决拒绝了皇太极的要求，但心里是没底的，他知道八旗兵的强悍，也了解明朝的腐败。李倧明白，他的不服气，已经挑战了皇太极的底线，战争一触即发。

角色转换

对于出尔反尔的李倧，皇太极反感透了，感到这个李倧不仅反复无常，而且对后金的安全构成了威胁，必须采取果断措施。

满朝文武也是义愤填膺，一致同意教训一下这个李倧。正当大家群情激愤之时，足智多谋的皇太极反而冷静下来，他经过反复思考，做了一系列的试探：

1. 看使臣的表现。天聪十年四月，皇太极称帝改元的典礼上，朝鲜国王李倧的两个使臣罗德宽和李廓傲慢无礼，不向皇太极行礼，也不下跪。皇太极对此极为不满。

2. 看李倧的表现。皇太极多次给李倧写信，阐明自己的观点。但是李倧是什么态度呢？李倧根本不看皇太极的信件，因为他不承认皇太极的大清政权，他的心里只有大明王朝。

在这种情况下，皇太极愤怒了，当朝鲜国的使臣送来李倧的信件时，皇太极大怒道："尔国王既不阅朕书，遣我使回，朕何为复览尔书。"你不看我的信，我为什么要看你的信呢？这是皇太极最有力的回击。

也就是说，皇太极的试探失败了，只有用战争的形式加以解决。至此，刚刚建立的清朝和朝鲜之间已经如箭在弦，战事在即。

不过，皇太极清楚，轻易出兵，侵入朝鲜，明显是不义之师。所以，要想办法化解这一难题，变不义之师为正义之师。怎么办呢？他做了四次告知，也就是出兵宣言，来解释自己出兵朝鲜的理由。

第一次，告知天地。皇太极率领诸王公大臣，以太牢（猪牛羊）来祭告天地，列举了朝鲜的种种劣迹：帮助明朝谋我、招降辽东逃民、怂恿朝鲜民人侵入辽境、借给明朝兵船与我为敌，等等。接后，皇太极宣布："谨告皇天后土，用张挞伐！"

第二次，告知太庙。就是向自己的父亲努尔哈赤报告出兵朝鲜的缘由。皇太极跪在努尔哈赤的神牌前面，大声宣告："今朝鲜违天败盟，臣将亲统大军，致讨以声其罪！"

第三次，告知将士。皇太极对将士的告知非常重要，也很有必要，因为皇太极通过这种形式，告诫出征的将士投降者不杀，老百姓不杀，不拿群众一针一线，不侵入民宅，等等。皇太极通过这个告诫，向人们宣誓，他出征朝鲜不是侵略，而是为征伐不义。

第四次，告知朝鲜国王。皇太极列举了朝鲜国王李倧的种种"劣迹"：助明兴兵、盗我物产、悖慢无礼，等等，说得皇太极义愤填膺，怒火中烧。

做完这四次宣言，皇太极说出了这样的话："朕是以怒而兴师。"清朝组织了十万八旗兵，齐聚沈阳，于是年底由皇太极亲自挂帅，代善、多尔衮、多铎、岳托、豪格、杜度随大军出征朝鲜。

八旗兵一旦进入朝鲜境内，势如破竹。崇德元年九月十日，攻陷义州；十二日，攻陷郭山城；十三日，攻陷定州；十四日，进入平壤；三十日，攻陷汉城，李倧出逃。

皇太极乘胜追击，大军包围了李倧所在地南汉山城。这个时候，皇太极采取了种种措施，迫使李倧就范。

一是军事压力。李倧并不就范，不断有来自朝鲜各地的勤王之师前来救驾，后果当然是被皇太极打败。这样，包围圈越来越小，李倧一筹莫展。

二是政治攻势。皇太极不断派人前往李倧住所，对他的"罪行"进行揭露，并一再重申，朝鲜人民遭到这次兵灾，责任全在李倧。这一政治攻势，使得李倧无处申辩，自觉理亏。

三是安全威胁。八旗军迅速攻占江华岛，李倧的老婆和孩子都被俘虏。皇太极把这个消息传递给李倧，李倧不仅担心，而且沮丧。

李倧是真的没有别的出路了，明朝再也指望不上了，唯一的出路就是投降清朝。同年一月三十日，李倧向皇太极投降。

皇太极实现了出兵朝鲜的目的。他居高临下地向李倧下令：

1. 废除明朝年号，断绝与明朝的一切来往。

2. 尊大清为正统，建立与清朝的臣属关系。

3. 朝鲜每年向清朝进贡：黄金 100 两、白银 1000 两、水牛角 200 对、豹皮 100 张、鹿皮 100 张、茶叶 1000 包、水獭皮 400 张、青鼠皮 300 张、胡椒 10 斗、腰刀 26 把、顺刀 20 把、苏木 200 斤、大纸 1000 卷、小纸 1500 卷、五爪龙席 4 领、各样花席 40 领、白萱布 200 匹、各色棉绸 2000 匹、各色细麻布 400 匹、各色细布 11400 匹、米 10000 包。

今非昔比了，李倧只好无条件接受。角色转换了，之前，阿敏征服朝鲜时，与之称兄道弟尚且不愿接受；现在，想称兄道弟都不行了，朝鲜与清朝的关系是君臣关系了。二月初二，当皇太极离开朝鲜的时候，李倧不得不出城十里跪送，这种结果是李倧始料不及的。

李倧
是真的没别的出路了，
明朝再也指望不上了，
唯一的出路就是
投降清朝。
同年一月三十日李倧
皇太极投降。

李寅语录

努尔哈赤晚年，政局扑朔迷离，皇子们角逐继承人的斗争此起彼伏，阿巴亥深涉其中，最终遭到灭顶之灾。

『变废为宝』

皇太极即位的时候，后金与明朝相比，无论在军事实力还是经济基础上，都相去甚远。为摆脱被动局面，皇太极开动脑筋。不久，又一个谋略出炉，即“变废为宝”。怎么变呢？崇祯帝不要的人我要，而且还要重用，当成至宝一样。

收孔有德

在皇帝眼里，最不能容忍的就是背叛，崇祯帝尤其如此。可是，一个叫孔有德的人背叛了朝廷。

孔有德，辽东人，出身寒微，他和他的父亲由于不满努尔哈赤的统治而反抗起义，后来，他和他的兄弟们一起投奔明朝将领毛文龙。

毛文龙虽然官做得很大，但由于他不守臣道，一度成为崇祯帝的隐患。后来，袁崇焕借机处死了他。孔有德受毛文龙的影响很深，极不规矩。他的部队军纪败坏，不听指挥，还不时骚扰地方。

举个例子，天聪五年，皇太极围攻大凌河，军情告急。登州巡抚孙元化命令孔有德率部支援，孔有德带领800名骑兵队伍赶到大凌河。接下来，令人意想不到的事情发生了。

他的部队居然哗变了。原因有三个：一是天气恶劣，赶上下大雨；二是饥饿难耐，没有食品供给；三是部队内部不和，分成两派，辽东派和山东派，由此，士兵之间产生了抢劫和火并。而孔有德呢，作为朝廷将官，居然做出了大逆不道的事情，在吴桥发动兵变，自称“都元帅”。孔有德这种冒险的举动，确实震动不小，他从此和明王朝成为敌对的关系。这个时候的孔有德出路在哪里呢？要落草为寇，占山为王吗？

孔有德并不甘心于此，接下来，他得寸进尺，居然敢于做出这样的事情：

进攻登州，恩将仇报。登州城里面有他的大恩人、巡抚孙元化，想当年，袁崇焕杀死毛文龙，孔有德被迫投奔登莱巡抚孙元化，孙元化收留了他，对他是有恩的。可是，现在孔有德居然恩将仇报，趁他熟睡之机，袭击府衙，俘虏了孙元化，占领了登州城。

进攻莱州，杀死朝廷命官。孔有德背叛了明朝，公开造反，不仅占领了登州城，还向西进攻莱州城。在进攻莱州的时候，孔有德多次使用诡计，欺骗朝廷：一次是诈降，欺骗总督刘守烈，表示愿意投降，使其上当；另一次是欺骗知府朱万年，使其上当，乘其不备，将其杀死。气急败坏的孔有德还在攻打莱州城的时候，打死了山东巡抚徐从治。

至此，对于明朝来讲，孔有德成为应该被千刀万剐的逆贼。在崇祯帝眼里，孔有德连垃圾都不如，必须除之而后快。

就是这样一个不忠、不义、不信之徒，皇太极却另眼相看，决定变废为宝。他是怎么做的呢？

一是收留孔有德。走投无路的孔有德，没有落草为寇，而是选择投靠明朝的敌人皇太极。天聪五年，他发动登莱之变后，投靠皇太极。皇太极命令范文程妥善安置。

二是利用孔有德打击朝鲜。孔有德投清后，皇太极充分利用他的长处，比如擅长使用大炮、熟习中朝边界，等等，便命令他攻击朝鲜，防止其越境侵扰，孔有德不辱使命。

皇太极对孔有德恩礼有加，天聪七年六月，他出城十里迎接孔有德，并赏赐大量金银绸缎，并在崇德元年四月，对孔有德封王晋爵，赐封他为“恭顺王”。

后来的事实证明皇太极是正确的。崇德元年，皇太极征伐朝鲜带着他，充分发挥他的长处，大获全胜；崇德三年，进攻锦州，又带着孔有德，连获胜利；崇德八年，孔有德又跟随皇太极攻取中后所和前屯卫。

孔有德这个大明的“垃圾”，被皇太极“变废为宝”了。

再收二将

要说皇太极变废为宝的能力就是很强，在接收孔有德之后，皇太极又先后接收了两个明朝的叛将，一个是耿仲明，一个是尚可喜。

耿仲明（1604—1649 年），字云台，明万历三十二年（1604 年）出生于辽东盖州卫，崇祯初为登州参将，毛文龙旧部。

耿仲明既在明朝做官，又与明朝结下了仇怨。结怨的原因是他的弟弟耿仲裕被明朝将领黄龙杀死。实际上，耿仲裕被杀是咎由自取，他擅自提取了总兵黄龙羁押的犯人，并残忍地打断了他的腿，还命人割掉了他的耳朵和鼻子。

让耿仲明背叛明朝的原因，还是明朝官场的不作为。天聪五年，当他奉命与孔有德一起抵挡皇太极的八旗军时，身处困境，等待救援。这个时候，明朝将领之间互相推诿，援军不至，粮饷不至。对此耿仲明愤怒满怀，对明朝失去了信心。

当然，耿仲明背叛明朝，与孔有德有着千丝万缕的关系。他配合孔有德，作为内应，拿下登州，使孔有德有了自己叛明后的根据地。如果没有他的帮助，孔有德很难攻下登州。

除此之外，耿仲明壮大了孔有德的势力。当时，孔有德刚刚造反，势力薄弱，尤其缺乏作战工具。为此，耿仲明出了一个计策，向明朝将领、自己的好友孙应龙撒谎，称已经杀死了叛将孔有德，并砍下了他的脑袋。孙应龙不知有诈，命使者率领2000人乘坐大战船前往，等到水城的城门开了之后，明朝的使者进入城里，耿仲明率军杀出，斩获了明朝使者，围歼了他的部众，得到了明军的大型战船，并且组成了水师。这为孔有德和耿仲明投降清朝积累了重要资本。

天聪七年五月，耿仲明跟随孔有德一起投奔皇太极，皇太极如获至宝。皇太极深知，耿仲明毛病满身，比如贪财，他曾经被属下弹劾，孔有德就曾经弹劾过他。但是，皇太极不拘小节，信任并放手使用耿仲明。崇德元年，册封耿仲明为“怀顺王”。以后的日子里，无论出师伐明，还是征战朝鲜，耿仲明都率军出战，成为皇太极心目中不可小觑的重要力量。

接下来是尚可喜。尚可喜（1604—1676年），字元吉，祖籍山西洪洞，后至河北衡水，1576年其祖父尚继官举家迁往辽东海州。

尚可喜投奔皇太极有很多原因，最主要的有两点：一是自身在明朝遇到了危险。毛文龙被袁崇焕杀死后，黄龙接替了他。可是，崇祯六年，孔有德帮助皇太极征伐黄龙，黄龙自杀身亡，崇祯帝派沈世奎接替总兵。沈世奎听信小人谗言，诬陷尚可喜勾结叛军，导致军事失利。这件事，给尚可喜以很大的刺激，感觉到自己已经走投无路。

二是他的家人在皇太极手里。《清史稿》记载："攻旅顺时，获可喜戚属二十七人。"这些人是尚可喜的至亲，他们在皇太极的手里，使他产生了投靠皇太极的意愿。

皇太极非常重视尚可喜，他对人说："尚可喜不是为了安逸的生活才投靠我们的，这是天意使然。"此话一出，尚可喜投降皇太极的愿望更加迫切了。

天聪八年四月，尚可喜正式投诚。皇太极为他摆了隆重的场面，迎接他的到来。《清史稿》记载："四月，可喜入朝，上迎十里外。"皇太极出城十里相迎，并赏赐了大量奇珍异宝，同时，把他的家属也全部完璧归赵。

尚可喜太感动了。《清史稿》记载："可喜遥行五拜礼，进至上前再拜，抱上膝以见。"尚可喜毕恭毕敬，心甘情愿地下跪、拜见，甚至抱着皇太极的膝盖。

皇太极的目的达到了，他非常欣慰，崇德元年，封尚可喜为"智顺王"。尚可喜跟随皇太极征伐朝鲜，作战锦州，屡立战功。

收背主之人

皇太极所收的明朝将领，有一个人最难理解，这个人曾经与皇太极有杀父之仇，也与皇太极有背叛欺诈之嫌，皇太极的王公大臣因此认为不能收留他。可是，皇太极却倾心于他，一次不行，再来一次；一年不行，就等十年，最终，他终于投入了皇太极的怀抱。这个人就是祖大寿。

祖大寿（？—1656年），字复宇，明末清初辽东宁远人，明朝将领。祖大寿原籍安徽，迁居辽东之后，世代居住在这里，成为辽东的名门望族。

毫无疑问，祖大寿有功于明朝。他在天命十一年，与努尔哈赤的交战中，利用挖地穴的办法，使用先进的红衣大炮，打败了八旗兵，并炮中努尔哈赤，取得了宁远大捷。祖大寿也因此而备受世人瞩目，官职升至副总兵。

然而，祖大寿却是一个典型的背主之人。

首先，他背叛了明朝的崇祯皇帝。

对于祖大寿，崇祯皇帝可谓极力笼络。尤其是崇祯元年，任用袁崇焕督师辽东，明朝重用祖大寿，提升他为辽东前锋总兵，挂征辽前锋将军印，驻守锦州，朝廷寄予厚望。随着祖大寿地位的迅速上升，祖氏满门都获封官职。祖大寿的兄弟祖大乐、祖大成、祖大弼，子侄祖泽远、祖泽沛、祖泽盛、祖泽法、祖泽润、祖可法等，都是上自总兵，下至副将、参将、游击的各级军官，分驻宁远、大凌河、锦州诸城。为表彰祖氏世代镇辽的功勋，崇祯皇帝特命于宁远城内敕建祖氏四世镇辽的功德牌坊。

可是，祖大寿对崇祯帝却怀有二心，他曾多次背叛崇祯帝。

最早的一次是袁崇焕被捕入狱后，作为他的部下，祖大寿惧怕株连，而率军出走。《清史稿》记载："大寿在侧股栗，惧并诛，出，遂帅所部东走，毁山海关出，远近大震。"从这段史料中，我们看出祖大寿是个没有担当的人。他的主子袁崇焕蒙冤而身陷囹圄，他并未挺身而出，或积极营救，而是担心自己的性命。同时，他居然想背叛朝廷，带兵潜逃，沦为流寇。幸亏崇祯帝及时采取了措施，命令袁崇焕在狱中写信招抚，才没有越走越远。

第二次是大凌河保卫战失败后，叛明降清。天聪五年，皇太极决定先拔掉大凌河这颗钉子，为拿下锦州做好准备。当时，总兵祖大寿镇守大凌河。其实，祖大寿早有准备，大凌河的城防非常坚固，皇太极要攻下大凌河非常困难。为此，皇太极采用了很多技巧和战术：

一是围而不战。大凌河城不仅城池坚固，而且士气高涨，城内尽三万兵民众志成城。面对这种局面，皇太极下令只可包围，不可硬攻。蜂拥而至的八旗兵从四面八方把大凌河团团围住，等待时机。

二是使用新式武器。之前，努尔哈赤宁远之败，就是因为武器落后。这次，皇太极吸取了教训，使用了先进的大炮，据统计有40门，提高了作战能力。

三是兵不厌诈。为了引诱祖大寿出城迎战，皇太极使用计策，将很多八旗兵伪装成明朝的援兵，引诱祖大寿出城迎接，结果可想而知。祖大寿多次吃亏，吓得不敢出城。

四是预设埋伏。这是皇太极最擅长的作战技巧，他指挥八旗兵在明军路经之处，预设埋伏圈，一旦进入，便全歼之。明朝的援兵大都败在了皇太极的埋伏圈中。

五是刚柔相济。皇太极一面对祖大寿展开强大的军事攻势，使其损兵折将，缺粮断草；一面展开强大的政治攻势，皇太极不断给祖大寿写信，晓以利害，给以利益。皇太极甚至向祖大寿做检讨，检讨清军在辽东杀害汉民的过错，并立下保证，今后不会再犯。

最主要的是，大凌河内已经粮草断绝，发生了人吃人的现象，祖大寿决定向皇太极投降。祖大寿先杀死了不愿投降的副将何可纲，之后便带领39名属下，向皇太极投降。

祖大寿第三次背主是在崇德七年。祖大寿大凌河投降皇太极之后，出尔反尔，逃往锦州之后，继续为明朝镇守边关。崇德四年开始，皇太极征伐松锦，再次与祖大寿交锋。

明朝重要将领洪承畴投降清朝之后，祖大寿驻守的锦州危在旦夕，又一次发生了人吃人的惨剧。祖大寿走投无路，在三月初八亲率部众开城出降。

皇太极非常重视祖大寿，当大凌河战事快结束时，走投无路的祖大寿接受了投降条件，皇太极依然欣喜若狂，率领文武百官祭天盟誓，设大宴款待祖大寿；并且向祖大寿发誓：“有违此盟，天必谴之。”意思是如果背叛对方，必遭天谴。

然而，祖大寿以妻子在锦州为由，要求回到锦州。皇太极答应了他，还与祖大寿一起策划了战败逃往锦州的闹剧。

毫无疑问，皇太极对祖大寿是真诚相待的。可令皇太极意想不到的是，祖大寿背叛了他，当他返回锦州的时候，居然一去不返，蒙骗了崇祯帝的眼睛，继续得到明朝的重用，镇守锦州，与皇太极对峙。为此，皇太极还遭到朝臣的质疑，批评他“昧于知人”。

至此，祖大寿不仅背叛了崇祯帝，也背叛了皇太极，背叛了皇太极对他的信任，是个典型的背主之人。

可是，皇太极并没有计较这些，他想的是大局，是如何争取到明朝将领，让他们为夺取全国的政权而献计出力。

所以，皇太极耐心等待着，耐心劝导着，希望有一天祖大寿能够投降归清。这一等就是十年，从崇祯四年（1631 年）大凌河之战，到崇祯十五年（1642 年）锦州之战，整整过去了十年的时间，皇太极等了十年，终于等来了祖大寿的投降。

面对曾经背叛过自己的祖大寿，皇太极说了一段耐人寻味的话：“尔背我为尔主，为尔妻子宗族耳。朕尝语内院诸臣，谓祖大寿必不能死，后且复降，然朕决不加诛。往事已毕，自后能竭力事朕则善矣。”

皇太极说得再清楚不过了，之所以不杀祖大寿，就是为了利用他，取其所长，为我所用。

皇太极非常重视祖大寿，当大凌河战事快结束时，走投无路的祖大寿接受了投降条件。

李寅语录

一句错话『五年复辽』已经让袁崇焕背上了巨大的心理包袱，接下来，袁崇焕又做了一件大错特错之事，即『先斩后奏』。

第二章 黄袍加身

1636年，皇太极改女真为满洲，改“大金”为“大清”，称号也由汗王改为皇帝，黄袍加身，弃汗称帝。皇太极是清朝第一个真正的帝王，他的智慧，他的勇敢，都令后人啧啧称赞，称赞他是第一个敢于吃螃蟹的人。

左耳

《清太宗实录》中，皇太极说过一段很神秘的话："予自来左耳鸣，必有喜音；右耳鸣，必无佳兆。"作为一代帝王，皇太极讲述了给他带来福音的左耳；他的画像中，也确实是大耳垂肩，一脸的福相。那么，他左耳的轰鸣之声，究竟带来了哪些福音呢？

抓到一个要人

天聪八年，皇太极千里疾驰，察哈尔大汗林丹汗抵挡不住八旗军的强大攻势，率军西奔，逃往西方，不幸病逝于青海大草滩。可是，作为察哈尔大汗，他去世之后，必须有人即位，谁会即位称汗呢？

林丹汗的第三福晋苏泰太后之子额哲即位称汗。苏泰太后姓叶赫那拉氏，她是叶赫部台吉德尔赫礼之女，贝勒金台石的孙女，金台石是皇太极生母孝慈皇后的哥哥。这样算来，皇太极还是苏泰太后的娘家亲人。

作为林丹汗的第三大福晋，苏泰太后很是努力，林丹汗也很重视她，令其统管哈纳土门万户斡耳朵，故又称哈纳土门福晋。不知何年，苏泰为林丹汗生下长子额尔克孔果尔额哲。

额哲虽然有幸继承了汗位，但是，处在流亡途中，孤儿寡母，相依为命。当时，他们处在被皇太极的大军追击之中。难道是皇太极身临前线，追踪自己的娘家人吗？

查阅史料，是多尔衮在指挥追击。多尔衮是皇太极的弟弟，这次他领到这样一个具有非常意义的任务，捉到额哲母子，彻底征服察哈尔部蒙古，解除皇太极的后顾之忧。那么，多尔衮能够完成这个任务吗？多尔衮极尽心智，采取了有效措施：

一是秘密接近。实际上，额哲势单力薄。本来，林丹汗逃往大西北就很狼狈，大部分势力都已丧失；额哲即位后，虽然是大汗，但徒有虚名，孤儿寡母，异常悲催。而多尔衮则兵强马壮，人多势众。可是，多尔衮对这一带的地形并不熟悉，如果他公然进攻额哲，额哲就会骤然逃脱，留下大患。所以，多尔衮采取秘密接近的办法，掩蔽在额哲的周围，而额哲对此却毫无所知。

二是按兵不动。多尔衮虽然包围了额哲，完全可以采取军事行动，生擒额哲。但是，多尔衮没有这么做。他按兵不动，等待时机。

三是选好使者。多尔衮没有贸然行动，而是选中一个人前往执行收服任务，这个人就是南褚。这个人太合适了，他是苏泰太后的弟弟，他能够完成任务吗？

然而，南褚非常顺利地完成了任务。苏泰太后听说南褚到来，非常激动，她多么渴盼见到娘家人啊。长时间的奔波，千里逃难，背井离乡，终于见到了娘家人，苏泰放声大哭，她不顾一切地扑向弟弟，抱住南褚，场面感人。额哲也出来了，大家相见，眼泪汪汪。

四是采取攻心计。多尔衮分析了额哲母子的心态，他们还在犹豫，并不相信皇太极集团。鉴于此，多尔衮分析透了他们的心思，做了两件事：

一是与之盟誓。多尔衮很虔诚地对天发誓，额哲回归之后，一定会善待他们，一定不伤害他们母子。

二是感化他们。额哲有个心病，就是他的妻子和部民一千余户被鄂尔多斯部的济农掠走。多尔衮了解到这一情况，追赶济农，令其归还额哲的妻子和部众。

经过多尔衮的努力，苏泰太后感动万分，她下令宴请多尔衮，以表达自己的感激之情。不仅如此，苏泰还赠送多尔衮大批礼物：骆驼4头，玲珑鞍马4匹，黄金40两，闪缎81匹。同时，苏泰太后母子决定归顺皇太极。

多尔衮太高兴了，自己做成了这么大一件事情，首功一件啊。而接下来，却发生了一件让人大吃一惊的事件。

非常宝物

多尔衮收降了额哲母子，非常得意。正在他扬扬自得之际，准备飞马报皇太极这一喜讯的时候，额哲母子找到了多尔衮。多尔衮很纳闷儿，也很紧张，怕他们提出一些过分的要求。

然而多尔衮多虑了，额哲母子是想把一件珍宝献给多尔衮。这个珍宝太重要，太神奇，太令人向往了。这件珍宝，就是著名的传国玉玺。

说到传国玉玺，必须弄明白三个问题。

第一，传国玉玺的神奇来历。史料记载，传国玉玺的材料为和氏璧。关于和氏璧，还有一段凄美的传说。春秋时，楚人卞和得到一块璞玉，想献给楚王，可是，两代楚王不识货，以欺君之罪，楚厉王砍掉卞和的左脚，楚武王断掉卞和的右脚。直到楚文王即位，得知卞和哭了三天三夜，才请专家鉴定此玉，经鉴定，被认定为难得的宝玉，并命名为和氏璧。这块和氏璧历经沧桑，由楚国而转归赵国，由此还发生了蔺相如“完璧归赵”的故事。可是，弱肉强食的历史法则再次上演，秦国灭掉了赵国，和氏璧落入秦国。秦始皇统一六国之后，以此玉制成传国玉玺。

第二，传国玉玺的流传过程。这个宝贵的传国玉玺流传有序，由秦始皇传给秦二世，传至秦三世，秦朝灭亡。秦亡后，传国玉玺落入刘汉王朝，其间，由于王莽篡汉，玉玺一度易手。西汉灭亡，传国玉玺传给汉光武帝刘秀，东汉末年，时局动荡，传国玉玺几易其手，吴国的孙坚、枭雄袁术、曹魏政权。宋齐梁陈之后，大隋统一全国，获传国玉玺。隋朝灭亡，玉玺传给唐朝，唐朝末年，天下大乱，经五代十国，玉玺传给后唐。后唐清泰三年（936年），末代皇帝李从珂因无力抵挡石敬瑭与大辽军队的进攻，怀抱传国玉玺，于洛阳登玄武楼自焚身亡，传国玉玺就此失踪。这样，从秦朝至后唐，传国玉玺存世一千余年。

第三，真假难辨传国玉玺。按说，传国玉玺被后唐末帝毁掉，就应该不复存在了。可是，后周太祖郭威时，遍索传国玉玺不得，便镌刻“皇帝神宝”印玺两方，视为传国玉玺，一直传至北宋。自此，各种版本的传国玉玺不时出现。宋元时期，传国玉玺时隐时现，扑朔迷离。直到朱元璋称帝，虽屡经寻找，传国玉玺仍然没有现身，直至明朝结束。

皇太极天聪九年，多尔衮收降林丹汗之子额哲，获得“传国玉玺”，那么，这个玉玺真的是传国玉玺吗？

关于这个传国玉玺的来历，有个故事。在漠北大草原上，一个牧羊人发现，一只羊三天三夜不吃不喝，只用蹄子刨地，牧羊人很奇怪，便对它非常关注。结果发现，这只羊总在刨一个地方，便将羊领开，发掘这个

这个珍宝太重要，
太神奇，太令人
向往了。这件珍宝，
就是著名的
传国玉玺。

李寅语录

皇太极即位的时候，后金与明朝相比，无论在军事实力还是经济基础上，都相去甚远。为摆脱被动局面，皇太极开动脑筋。经过缜密思索，又一个谋略出炉，即『变废为宝』。

地方。谁想竟有意外之喜，在这里居然埋着一颗玉玺。细审玉玺，“交龙为纽，光气焕烂”，上面的文字为汉文篆刻，牧羊人也不认识，这件事却声名远播，结果只有一个，玉玺被元朝皇帝的后裔林丹汗获得，林丹汗去世，传给了他的接班人额哲。

额哲既然归顺了皇太极，为了表达诚心，便把这个非常宝物献给了多尔衮。多尔衮大喜过望，他会怎么办呢？

跃动的左耳

天聪九年，自多尔衮大军出征察哈尔，皇太极就有所期盼。朝臣看到，有时候皇太极明显焦躁不安。他究竟怎么了呢？

从汗王宫里面传出了信息，皇太极的左耳总在跳动。不明真相的人听后，以为皇太极身体出现了问题。可是，文武百官听后，却是心中窃喜，他们知道好事来了。

什么好事呢？在皇太极等待的过程中，果然是捷报频传：多尔衮收服了林丹汗的苏泰太后和额哲母子，这是大事，是喜事。皇太极高兴，喜不自禁。可是，他并没有说自己的左耳跃动的事情，也就是说，皇太极虽然高兴，却没有达到非常高兴的程度。

接下来，皇太极再接喜报，是多尔衮献上的两个名单，一个是归顺的林丹汗王室成员的名单和归属大臣的名单；另一个就是进献的各类宝物的名单，皇太极睁大眼睛，细细审视，都有什么呢？单据显示，都是些“驼、马、雕鞍、貂裘、琥珀数珠、金银、彩段等物”，此外无他。皇太极点了点头，虽然满意，却没有大喜，因而他的左耳没有跃动。

究竟什么时间皇太极的左耳跃动了呢？资料记载为八月初三，这一天，正是多尔衮收服额哲母子之后三个多月，额哲犹豫再三，最终决定将传国玉玺献给皇太极，表达自己归顺的决心。

多尔衮拿到玉玺，立即上书皇太极："天锡至宝，此一统万年之瑞也。"这个时候，皇太极的左耳震动，跃动异常，大喜事真的降临了。皇太极期待着，早日接到这个传国玉玺，以实现自己的宏愿。

可是，当他接到这个宝物的时候，心情却低落到了极点。这究竟是为什么呢，这不是天大的宝物吗？

原来，玉玺被呈上来之后，皇太极发现这不是传国玉玺。难道是假的吗？

多尔衮呈上来的玉玺，印文是汉字篆刻"制诰之宝"，其实只是元朝历代皇帝使用的传国玉玺，并非秦始皇传下来的传国玉玺。皇太极精通传统文化，尤其对传国玉玺的记载格外关注，他知道秦时传下来的传国玉玺印文是李斯所书"受命于天，既寿永昌"八个篆字。两个玉玺是完全不同的，而皇太极所期盼的是秦时传下来的玉玺。

不是传国玉玺，皇太极失落极了。可是，皇太极又是一个非常睿智之人，他灵机一动，干吗非要传国玉玺呢？这个玉玺也可以啊，它完全可以帮助自己实现宏愿。于是，一个周密的计划产生了。

皇太极决定正式迎接这个玉玺，传谕下去，场面要热烈、隆重。

九月初六，皇太极率领皇后诸妃、大贝勒代善等众贝勒、众大臣组成强大的阵容，出盛京城，渡过辽河，到一百多里之外的阳石木迎接"传国玉玺"。这个时候，玉玺就变得非常神秘而神圣了。实录记载，在御营南冈事先筑好的坛下，多尔衮率领众将领，向供奉在高案之上的玉玺行跪拜大礼；正黄、镶白两旗主到桌案前，恭敬地接受玉玺，再向皇太极虔敬呈献；皇太极恭敬地、虔诚地亲自捧起玉玺，向天行拜天大礼。接着，皇太极传谕："此玉玺乃历代帝王所用之宝，天以畀朕，信非偶然也。"接下来，各位将官纷纷向玉玺行拜见大礼。

皇太极感觉很好，他的左耳不停地跃动，大家都看到了，因为玉玺得到了，就意味着他将成为天下的主人。

水到渠成

皇太极称帝，需要方方面面的条件，只有条件成熟，才可以实现这一目标。可是，当时的政治局势异常复杂，宗室中甚至有反对的声音。正当皇太极迷茫之时，一个叫萨哈廉的人给他解了围，这是他意想不到的事情。

逆向思维的侄儿

皇太极是个雄心勃勃的人，他不满足仅仅称汗，他也想像明朝皇帝那样，高坐于宝座之上，面对文武百官，成一代帝业。他曾多次表达过这样的想法，所以，皇太极把明朝列为首要敌国，准备取而代之。

可是，由大汗转为皇帝，有太长的路要走，有太多的事情要做。其中，人这一关就必须过去，得有人拥护他做皇帝呀。文武百官会拥护他由大汗转成皇帝吗？

很可惜，皇太极的心思没人读懂。他的那些文武百官，要么莽撞地乱表态，说他有天子之相，可以马上称帝；要么木讷无语，就他称帝之事一言不发，不表态。皇太极很不随心，心里这个急呀：谁人知我心呢？

令皇太极意想不到的事情发生了，一个他并不喜欢的人发声了，这个人就是他的侄儿萨哈廉。

说到萨哈廉，皇太极并不陌生，他是大哥代善的儿子，排行第三，要说萨哈廉与皇太极之间不会产生多大的默契，从两点可以说明：一是辈分不和，萨哈廉是皇太极的侄儿，年龄相差 12 岁，两个人之间不会有什么默契的话题；二是受其父代善的影响，代善与皇太极之间的矛盾心照不宣。

努尔哈赤时期，褚英的太子之位被废掉之后，代善成为努尔哈赤心目中的接班人、皇太子，这就与雄心勃勃的第八子皇太极产生了矛盾和对立。为此，专家考证，皇太极参与了一个事件，这就是代善与大妃“红杏出墙”事件，使其失去了信任，皇太子地位被动摇。从这个意义上讲，皇太极与代善存在矛盾，那么，代善的儿子萨哈廉和皇太极之间就一定会存在矛盾，这是人之常情。

萨哈廉为此还真的受到过连累。天聪年间，萨哈廉的父亲代善有一桩心愿，他想娶林丹汗的遗孀苏泰太后，但是，苏泰太后钟情的人不是代善，而是自己的姐夫济尔哈朗；加之苏泰的姐姐刚刚去世，苏泰太后更加愿意嫁给济尔哈朗，因为这更符合当时的婚俗。在这件事上，皇太极支持苏泰太后嫁给济尔哈朗，是公允的。可是，代善对皇太极心怀不满，不仅从言语之间表现出来，还公然与心怀不轨的莽古济格格打得火热，这是做给皇太极看的。皇太极为此非常生气。

皇太极为此遣人质问萨哈廉，说你父代善公然与我作对，你萨哈廉身掌礼部，为什么不阻止你父亲的种种行为呢？除了申斥之外，皇太极还下令罚萨哈廉雕鞍马 5 匹，空马 5 匹，白银 2000 两，夺两牛录属人。

这样的一种关系，萨哈廉会支持皇太极吗？皇太极的结论是绝对不会支持。可是，令皇太极意外的是，萨哈廉具有逆向思维的特点，他非常支持皇太极。历史资料中，记载了萨哈廉在历史转折的关键时刻，坚定支持皇太极的史实。

第一次是天命十一年八月十一日，努尔哈赤病逝之后，谁来继承汗位，大家最终锁定了两个人，一个是萨哈廉的父亲代善，一个就是四贝勒皇太极。正当大家犹豫不决的时候，萨哈廉找到了他的父亲代善，做了动员工作。《东华录》记载："国不可一日无君，宜早定大计，四贝勒才德冠世，深契先帝圣心，众皆悦服，应速继大位。"他的观点在这个关键时期，为皇太极力挫群雄，继承汗位，起到了极其重要的作用。

第二次就是天聪九年，皇太极获得传国玉玺，左耳跃动，他再次燃起事业的欲火，他要干一番大事业，那就是弃汗称帝。又到了历史转折的关键时期，皇太极有一个期盼，那就是谁能够肩负起拥戴自己称帝的大任，他在宗室中搜索着，这个人会是谁呢？

攻心术

皇太极说过这样一段话："萨哈璘（廉）为朕谋，开陈及此，实获我心。"意思是萨哈廉帮助皇太极谋划了一切，而且，懂皇太极心的人只有萨哈廉，此外无他。看来，萨哈廉是皇太极的知己了。

萨哈廉之所以成为皇太极的知己，还因为他会攻心术，他用自己的智慧读懂了皇太极的心。

萨哈廉知道，皇太极最大的心愿就是在有生之年称帝。不过，皇太极的这个心思是尽人皆知的。关键是萨哈廉认识到，皇太极称帝必须得"劝进”，王公大臣不劝，他是不会称帝的。怎么劝呢？

萨哈廉先来个投石问路，他没有贸然进劝，而是命令文馆的官员希福、刚林、罗硕等上书，要他们劝皇太极称帝号。希福等很恳切地上书，说明形势，获得了传国玉玺，应该顺应天象称帝。

萨哈廉的这一试探，果然引皇太极出来表演，他连连挥手说：“不行不行，虽然得到了传国玉玺，但是，统一大业还没完成，称帝的时机还不成熟。”就这样给拒绝了。

一般人认为，皇太极这么坚决，定是真心不想称帝。但是，萨哈廉不这么认为，他会攻心术，他知道皇太极在说谎，他心里想什么他知道。于是，他决定亲自出马。

萨哈廉带着文馆的官员来到皇太极的面前，再次上书，要求皇太极应天称帝。不过这次，萨哈廉采取了迂回前进的办法，他从两方面阐述了皇太极拒绝称帝的原因，来为皇太极说话。

第一，我们做得不好。萨哈廉说，大汗之所以不愿意弃汗称帝，是因为我们做得不好，我们没有尽心尽力，没有让大汗满意，都是我们的错。他反复检讨，好像做得真的很不好一样。

第二，大汗有担忧。萨哈廉指出了大汗的忧虑，那就是宗室中有不忠不义之徒，比如莽古尔泰和德格类两位，做出了大逆不道的事情，所以，需要各位表忠心，让大汗放心。

萨哈廉太懂皇太极了，他像个蛔虫一样，爬进了皇太极的肚子里，了解了他的想法。皇太极听了萨哈廉的陈述，心中大喜，他也会攻心术，所以，皇太极必然积极回应萨哈廉。

皇太极说：“萨哈廉说得很对，我之所以不称帝，就像他说的那样。但我也反复想了这个问题，称帝这件事，不是我个人的事情，更多的是为了祖宗的事业，父汗创下的这点事业要有所发展。”皇太极说得真是冠冕堂皇。

萨哈廉和皇太极，这两个极其聪明之人，互相攻心，产生互动。经过这番互动，大家一下子明白了，之前皇太极拒绝称帝，原来如此！

大家是明白了，但接下来会怎么做呢？皇太极很关心这个事情，实际上，他心里很着急。

老子很被动

萨哈廉的攻心术，赢得了皇太极的高兴，他欢天喜地，只等条件成熟之后，弃汗称帝了。

萨哈廉的做法虽然使皇太极很高兴，但是对众位宗室王公来说，则显得很被动。因为大家有的支持皇太极称帝，也有的不一定支持，甚至是反对的也未可知。而萨哈廉的一番自我检讨，一番激励劝进，搞得大家没有退路了，必须支持，否则被视为叛逆。所以，大家感觉很被动。

萨哈廉的父亲代善也很惊讶，这个萨哈廉三番五次地向皇太极表忠心，事前也没和自己商量，就擅自上书皇太极，搞得他很被动。按理，他身为当朝资历最深、爵位最高的宗室，皇太极的哥哥，说话最有分量了。皇太极多么想听到代善的表态啊。

可是，这个风头被萨哈廉抢了，代善感到很沮丧。

本来，早年汗位继承的事，代善遭到兄弟们的算计（其中就有皇太极），遭到父汗的废弃，就已经和皇太极之间产生了难以弥合的裂痕。努尔哈赤死后，代善虽然被迫支持皇太极即位，但彼此也还是心存芥蒂的。

更让代善感到被动的事又发生了。萨哈廉居然变本加厉，要求各位宗室贝勒们立下誓言，支持皇太极即位称帝。

这下子在宗室中炸开了锅，你萨哈廉算什么东西？怎么着也轮不到你来说三道四啊！他居然召集大家开会，提了两点要求：一是表忠心，让皇太极放心；二是立下誓言，最关键的是每个人要写出书面报告，交给皇太极。

可是，萨哈廉的旗号打得好，人家是为皇太极奔走呼号，谁敢反对呢？要知道，这个时候出现不同的声音，那可是叛逆之罪。

关键是，这个时候的代善遇到了更尴尬的事情。什么事情呢？就是皇太极不让代善立誓，更让人疑惑不解的是，皇太极也不让萨哈廉立誓。究竟是怎么回事儿呢？

原来，事出有因。

皇太极不让代善立誓，是因为代善年纪大了，已经53岁了；更重要的一点是，代善是皇太极的哥哥，哥哥给弟弟下跪，多少有点儿难为情，加之，代善位高权重，曾经一度与皇太极平起平坐。皇太极思虑再三，何不给代善一个面子，免去他下跪立誓的程序呢。

可是，皇太极为什么不让萨哈廉立誓呢？要知道，这个建议可是他提出来的，他表现得那么积极，又是命令文馆出面请示，又是集合宗室动员，可是这件事情的大拿。按理，他应该带头向皇太极行下跪礼立誓。可是，事与愿违，萨哈廉出了问题，他的身体状况急转直下，他病倒了。

萨哈廉病得很严重，皇太极十分惦念，多次派人前往探视，并劝他不要上火；萨哈廉感激万分，一次次表达歉意，君臣之间你来我往，分外融洽。当萨哈廉病重的消息传到皇太极那里时，皇太极不顾群臣谏阻，执意到萨哈廉床前看望。

萨哈廉激动万分，想要起来向皇太极行礼，却没能够实现，他很快就病逝了。皇太极泪流满面，哽咽难言，他下达了一个意外的决定：为萨哈廉辍朝三日，朝廷给他举办了隆重的丧礼。

都服了

皇太极不让代善立誓是假的，是一种计策。他要看看代善是什么反应。代善岂能不知道，他知道皇太极的厉害，所以，也就知道该怎么做了。

在历史资料中，记载了皇太极与代善的一段对话：

代善说："大汗这么照顾我，不让我立誓；可是，我如果不立誓，那不会犯错误吗？大汗放心，即使我立誓，也不会干预政事，违背大汗的意愿。"代善的一番话，等于向皇太极做了保证，他绝对不捣乱。

皇太极心领神会道："我怎么能怪你呢？怎么能不让你参与政事呢？我是怕你太劳累，才叫你免去立誓的。"君臣之间客套了一番，说了一些云山雾罩的话之后，皇太极最终的目的是要代善下跪立誓，经过代善这通表态，目的达到了。

于是，皇太极终于站出来说出了心里话。《清太宗实录》中这样记录："若皆修身盟誓，则愿就位。"意思再明显不过了，你们都服了，我就可以称帝了。

大家看着皇太极，知道了他想要什么，那就给他吧。可是，怎么立誓呢？皇太极说出了标准，共两条：一是内容，不用说从前的过错，过去的就过去了，既往不咎；只写明今后怎么办就行了，这是态度问题，是立场问题。二是方式，要求每个人在大汗面前焚香下跪，宣读誓文，然后举火烧掉。

程序大家都知道了，只等这一天的早日到来。天聪九年十二月二十八日，爱新觉罗家族的宗室贝勒们对天盟誓，誓言如下：

此后若于汗前起不良之念者，虽非躬为作乱，倘知兄弟辈有作乱而

意思再明显不过了，你们都服了，我就可以称帝了。
哦？你们服了？
服了！
我们服了！
我们发誓
对！

李寅语录

皇太极的目的达到了，他非常欣慰，崇德元年，封尚可喜为『智顺王』。尚可喜跟随皇太极征伐朝鲜，作战锦州，屡立战功。

隐匿不首者，及汗所议国事，归而告于妻子及闲散员役者，思布间谍流言者，天地诛之，夺其纪算。

这番话，听上去很简单，实际上是清朝宗室对自己违背皇太极意愿之后的诅咒，通过这种方式，断掉“反叛者”的退路。皇太极力图达到这个目的。

代善首先立誓，他从几个方面表决心，比如背叛大汗，心口不一，散播谣言，泄露机密，等等，最终的结果就是四个字“遭殃死去”。

接下来，大家鱼贯而入，有阿巴泰，有济尔哈朗，有阿济格、多尔衮、多铎三兄弟，此外，杜度、岳托、豪格等都纷纷立誓，内容大同小异。

这个时候，蒙古等外藩贝勒也在盛京，他们找到代善等说：“大汗功德隆盛，四海臣服，今天又获得了传国玉玺，应该称帝了。”《清太宗实录》中记载了这一史实，细分析，外藩贝勒的劝进，应该是皇太极等授意的。因为接下来发生了一件有趣的事情。

皇太极看到大家“统一”了思想，还想做得更好看一点，就别出心裁，居然想要邻国朝鲜也表个态，支持他弃汗称帝，他对大臣们说：“朝鲜乃兄弟之国，应与共议。”他把朝鲜当成了“兄弟”，很希望他们出面捧场。皇太极错了，此时的朝鲜并不认可皇太极。后来的历史已经证明了这一点，天聪十年，朝鲜使臣傲慢无礼，惹怒皇太极；在极其愤怒的情绪下，皇太极出兵征伐朝鲜。

不管怎样，到这个时候，皇太极已经很满意了，大家对他称帝之事已经没有任何异议，简直就是异口同声了。

其中有诈

皇太极黄袍加身，弃汗称帝了，看上去风光无限。可是，美丽的光环下面，隐藏着很多鲜为人知的秘密，或可说是其中有诈。比如帝号前面的美称，比如涂改国号为“大清”，“伪撰”民族名号为“满洲”，等等。人们不禁要问，皇太极究竟隐藏了哪些不为人知的秘密呢？

帝称有诈

进入天聪十年，皇太极称帝的脚步匆匆。

天聪十年正月初一，皇太极借助元旦日拜祖，告白的话语中，表达了他的雄心壮志；同时，各位贝勒大臣也进一步表达了忠心。

三月二十二日，边外蒙古 49 位贝勒向皇太极献礼，表达了支持皇太极称帝的忠心。

三月二十六日，投降皇太极的汉官都元帅孔有德、总兵耿仲明等上书皇太极，表达拥护他称帝的忠心；并议定四月初八，给皇太极上尊号。

四月初八，代善、济尔哈朗、多尔衮、多铎、岳托、豪格、阿巴泰、阿济格、杜度等宗室贝勒，推举多尔衮为代表，上“满洲劝进表”；科尔沁土谢图智浓巴达理上“蒙古劝进表”；都元帅孔有德上“汉人劝进表”，各自宣读，各自代表不同的民族和阶层，表达出拥戴皇太极称帝的忠心。这些表文虽语种不同，但内容却是一样的。汉文是这样的：

恭维皇上承天眷佑，应运而兴，当天下混乱之时，修德礼天，逆者威之以兵，顺者抚之以德，宽温之誉，施及万方。征服朝鲜，混一蒙古，更获玉玺，内外化成，上和天意，下协舆情。以是臣等仰体天意，敬上尊号。一切仪物，具已完备，伏愿俯赐俞允，勿虚众望！

皇太极看了大家的表演，满蒙汉各个民族的代表都齐全了，是时候了。他心花怒放。最终，大家议定，天聪十年四月十一日，举行称帝登基大典。

对于皇太极来说，天聪十年四月十一日，这一天是他盼望已久的大日子，满朝文武都拥戴他称帝。所以，他太紧张了。

人们都想知道，皇太极称帝，究竟是什么样的一种场面？

首先，皇太极粉墨登场，率领王公大臣、文武百官，向上天宣誓，读祝文；接着，皇太极升坐在金椅之上，倍显尊贵；接下来，众贝勒分列左右：多尔衮和巴达理列于左班，手捧宝一；岳托和额哲列于右班，手捧宝一，分别进上宝文，宣读表文，尊皇太极为“宽温仁圣皇帝”，建国号为“大清”，改“天聪”年号为“崇德”。

在这个隆重的场合下，皇太极一下由天聪汗变成了“宽温仁圣皇帝”。

可是，这个称号并不让人信服，给人的感觉是虚假的，因为文武百官给他上的这个称号有虚假的成分。

就是这“宽、温、仁”三个字，体现了虚假。皇太极即位之后，四向开张：征蒙古，征索伦，征朝鲜，征明朝，到处杀伐。当他一次次突破长城防线，进攻明朝的时候，攻城略地，杀人无数；当他率大军深入朝鲜境内的时候，兵临城下，豪横傲慢，无情地欺凌弱小国民。种种迹象表明，皇太极所接受的“宽温仁圣皇帝”尊号，完全是欺世盗名。他的大臣不信，他的子民不信，他的敌人不信，就连他自己也会感到其中的虚假。

国号有诈

民国清史大家萧一山先生在《清代通史》中这样说：“金号涂改之原因，皇太极何为而涂改国号耶？”明确提出了皇太极涂改努尔哈赤建立的“后金”国号。

皇太极涂改的后金国，实际上就是努尔哈赤建立的政权。万历四十四年，努尔哈赤建国，按照日本专家稻叶考证，当时的称谓：“称曰‘金国’，又曰‘后金之汗’。”也就是说，努尔哈赤建立的国家称为“金国”，实际上又叫作“后金”。为什么会称为“后金”呢？

历史上，曾经有过金国。金朝（1115—1234 年）是中国历史上由女真族建立的封建王朝，共传十帝，享国 120 年。天庆四年（1114 年），金太祖完颜旻统一女真诸部后起兵反辽，于翌年在上京会宁府建都立国，国号大金，建元“收国”。1125 年金国灭辽朝，两年后再灭北宋，贞元元年（1153 年），金国第四位帝王海陵王完颜亮迁都中都大兴府。金世宗、金章宗统治时期，金国政治文化达到巅峰，金章宗在位后期由盛转衰。金宣宗继位后，内部政治腐败，民不聊生，外受大蒙古国南侵，被迫迁都汴京，

尊皇太极为「宽温仁圣皇帝」
建国号为大清
改「天聪」年号为「崇德」
聖諭

李寅语录

作为一代帝王，皇太极讲述了给他带来福音的左耳：他的画像中，也确实是大耳垂肩，一脸的福相。那么，他左耳的轰鸣之声，究竟带来了哪些福音呢？

1234年，在南宋和蒙古南北夹击下，金国灭亡。

所以，努尔哈赤建元称汗，虽然也称为“金国”，但在称谓上与历史上的金国名号重复了，也就只好叫作“后金”了。

按理说，皇太极继承努尔哈赤之位，称为“天聪汗”，国号仍然沿袭称为“大金”。可是，为什么萧一山说他涂改了国号呢？

因为皇太极称帝后，在此问题上做了两个改变，一是改变了年号，由之前的“天聪”改为“崇德”，成为清朝所有皇帝中唯一一位使用两个年号的皇帝。二是改变了国号，将之前的“大金”改为“大清”，国号由此发生了质的变化。

要说皇太极改变国号，也没什么见不得人的。可是，令人奇怪的是，他对之前的国号进行了涂改，在文献上，在匾上，尽行涂改，力图抹掉之前称为“后金”的历史。这种欲盖弥彰的做法，引发了人们的关注。

原来，“金国”这个称号汉人很忌讳，也很排斥。北宋皇帝宋钦宗靖康二年四月，金军攻破东京，大肆烧杀掳掠，百姓深受其苦。同时，金军俘虏了宋徽宗、宋钦宗父子，以及大量赵氏皇族、后宫妃嫔与贵卿、朝臣等共三千余人，北上金国，东京城中公私积蓄为之一空。靖康之耻不仅导致北宋的灭亡，还深深刺痛了汉人的内心，南宋大将岳飞在《满江红》中就曾提到：“靖康耻，犹未雪，臣子恨，何时灭！”

对这段历史，皇太极是了解的，他很担心明朝的汉人们会把他当作当年的金国皇帝，那样他就成了孤家寡人。于是，他以亲民的形象称帝，称为“宽温仁圣皇帝”，年号改为“崇德”。他企图通过这种做法，赢得明朝汉民的好感，让中国大地上所有的汉民都支持他、拥护他。

所以，皇太极要涂改之前的“大金”国号，他要世人彻底忘掉之前的称谓，牌匾上、文献上，统统改掉。尽管皇太极做了很多努力，还是未能涂改干净，人们仍能通过各种渠道，找到大金国称谓的蛛丝马迹。

那么，皇太极修改的“大清”国号到底有什么特别的含义呢？经史学家考证，有如下几种说法：

一是方向的含义。这是乾隆帝的说法。乾隆帝认为“大清”就是“大东”，而东方的颜色是青色，转音为“清”。

二是肃清的含义。在清朝文献中，经常看到“廓清天下”这样的词汇。

三是满文的含义。有专家认为，“大金”的满文就是“大清”：“汉人称‘大金’天聪年，其满文即‘大金’字样。”

四是与一个传说有关。这个传说就是中国远古时代的少昊传说。少昊是中国古代汉族神话中的西方天神，五帝之一；关于他的名号，有说金天氏，又号青阳氏，取其中“青”字，音转为“清”。还有一种说法，有人认为少昊金天氏的父亲名字是“清”。

族名有诈

皇太极上台之后，还做了一件非常神秘的事情，那就是隐瞒了自己民族的来源。

清史大家萧一山说：“所谓满洲者，实系皇太极称帝后之伪撰。”明确指出了满族这个名号是皇太极伪造的，之前没有这种说法。

那么，皇太极之前的满洲究竟叫什么呢？他又为什么伪造这样一个名字，作为自己出身的民族呢？

首先，皇太极做了一件非常猥琐的事情，他出尔反尔，让人觉得他做事毫不谨慎，很是好笑。

天聪九年十月，皇太极下旨，说了这样一段无厘头的话：“我国原有满洲、乌拉、叶赫、辉发等名，无知之人，往往称为诸申。诸申乃席北超墨勒根之裔，与我国无涉。今后一切人等，只许称我国满洲原名，其各旗贝勒所属人员，勿称为某旗贝勒家诸申！”

皇太极在这段话中，笑话一些人称满族人为“诸申”，说他的民族自古以来就是满洲，从来就没有叫过“诸申”。什么是“诸申”呢？萧一山先生考证，诸申就是女真的意思，也就是说满洲的前身是女真。可是，皇太极极力否认这种说法。

历史证明，满洲的前身就是女真族。

女真族，别称女贞与女直，源自三千多年前的肃慎，汉至晋时期称挹娄，南北朝时期称勿吉，隋唐时期称黑水靺鞨，辽时开始称“女真”。基本形成民族形态的时期大约是在唐朝，“女真”一名最早见于唐初。1115年，完颜阿骨打统一女真各部，并驱逐契丹的统治，建立金朝，国号为“大金”。1234年，蒙古人摧毁了金朝，女真人被元朝政府统辖。元朝在松花江下游和黑龙江设辖区，统治女真人。女真在明朝初期分为建州女真、海西女真、东海女真三大部。1615年，建州女真首领努尔哈赤在新宾县二道河子畔的赫图阿拉城称汗建国，国号称为“大金”，史称后金。这就是女真人的历史。皇太极即位称汗之时，也不否认自己的民族名号，承认自己是女真人的后裔，也自称“金国汗”。

其次，清朝的乾隆皇帝也公开考证了本民族的出处。乾隆四十二年，乾隆帝明发谕旨：“我朝肇兴时，旧称满珠，所属曰诸申，后改称满珠，而汉字相沿，伪为满洲，其实即古肃慎，为诸申之转音。”

乾隆皇帝真是再明白不过了。他毫不留情地指出了满洲这个民族的来源，就是女真人的后裔，是对皇太极早年伪造史实的彻底更正。

历史证明，皇太极之所以极力否认历史，否认自己是女真人的后代，就是想告诉人们，他的民族和女真人无关，也就是和金国无关。历史上，金国的女真人曾经侵犯汉族人建立的宋朝，屠杀过汉人。皇太极称帝之后，为自己入主中原统治汉人做好了准备，当然希望给汉人留下一个好印象，所以，汉族人惧怕的女真人的名号是要更改的。这就是皇太极伪造历史的真相。

那么，皇太极为什么选中“满洲”这个名号呢？有几种说法：

一是佛教的含义。佛教中，释迦牟尼的老师就是曼珠室利，而“曼珠”和“满住”又是谐音，满住就是“满洲”的民族来源。

二是地名的含义。有人认为，皇太极之所以更名为“满洲”，因为“洲”字很像地名，于是相沿而用。

三是文殊菩萨的化身。有专家考证，满洲的发音，与“文殊”也很接近，“文殊”则是文殊菩萨的简称。文殊菩萨对于清朝皇帝来说太重要了：一是富有智慧和力量，可以征服四方；二是菩萨善良，百姓欢迎，容易接受；三是带有神秘色彩，这恰恰是皇太极最需要的。

第四章 逆我者亡

作为帝王，皇太极具有非同寻常的魄力，比如，对待自己的兄弟，只要威胁到了自己的地位，那是毫不留情，必须“消化”掉的，所谓“顺我者昌，逆我者亡”。皇太极即位到执政期间，就有很多至亲的兄弟遭到了这样的待遇。

『傻根儿』哥哥

皇太极排行第八，他有一个同父异母的哥哥叫莽古尔泰，排行第五。莽古尔泰战功卓著，太祖时被封为贝勒，号称“三贝勒”，是个备受世人瞩目的人物。可是，遍查史料，从他的所作所为来看，这个赫赫有名的三贝勒其实有点儿傻，是个“傻根儿”。

“傻根儿”杀母

莽古尔泰的母亲姓富察氏，名叫衮代，是个苦命人。

衮代初嫁威准。威准的本领就和他的名字一样，在战场上威风凛凛。两个人婚后生儿育女，过得十分幸福。可是后来，威准战死，衮代作为女人，为了生计，不得不再嫁。

按照当时“收继婚”的习俗，衮代作为威准的女人，再嫁的时候要“肥水不流外人田”。于是，她再婚的时候，嫁给了威准的堂弟，这个人就是大名鼎鼎的努尔哈赤。

衮代嫁给努尔哈赤之后，由于是二婚，她小心翼翼，又非常努力，结果让她非常满意，收获了她想要的。

一是生育了三个子女。万历十五年，生育了努尔哈赤第五子莽古尔泰；万历二十四年，生育努尔哈赤第十子德格类；其间，还生育了努尔哈赤第三女莽古济格格。努尔哈赤妻妾成群，并非每个女人都有生育的机会；衮代这种频繁的生育，实属难得。

二是主持努尔哈赤的后宫事务。由于衮代的努力，很快博得了努尔哈赤的宠爱，她成为女主人，在努尔哈赤面前有了话语权。

最明显的一个例子，是万历二十一年叶赫、哈达、乌拉、辉发等九部联军，共计三万余人入侵建州，大军直抵建州城费阿拉。就在这千钧一发之际，努尔哈赤竟然沉沉昏睡，是不敢应对的回避，还是胸有成竹的冷静，让人一头雾水。身为大妃的富察氏衮代，更是忧心如焚。

这个时候，谁都不敢惊动努尔哈赤，大家知道，一旦惊扰休息中的努尔哈赤，会被重惩不贷的。可是，衮代挺身而出，毅然推醒昏睡中的努尔哈赤。《太祖武皇帝实录》这样记录："衮代皇后推醒太祖曰：'今九国兵马来攻，何故盹睡，是昏昧耶，抑畏惧耶？'太祖曰：'畏敌者，必不安枕，我不畏彼，故熟睡耳……我承天命，各守国土，彼不乐我安分，反无故纠合九部之兵，欺害无辜之人，天岂祐之？！'"

姑且不论努尔哈赤的智谋与冷静，就衮代来讲，她能够做别人所不能做，显示出她的勇气和担当，更能够说明她在努尔哈赤面前具有的特殊地位。

但是，后来发生了一件意想不到的事情，让衮代的地位一落千丈。

这件事情是努尔哈赤的小老婆，一个叫代音察的举报的。代音察举报，大妃深夜出院，与大贝勒代善幽会，关系暧昧。衮代的这种行为，实属“红杏出墙”，必然刺激努尔哈赤。无独有偶，衮代还被人举报偷东西，她居然把汗王宫里的金银细软偷出来，放到了阿济格的家中。

努尔哈赤在愤怒之余，成立了专案组，彻查此事，结果全部属实。怎么办呢？努尔哈赤并没有失去理智，而是把衮代休弃回家，放了她一马。

按说，母亲受辱，遭此不幸，作为儿子的莽古尔泰，应该保护母亲的安全，肩负起持家的重任。可是，令人意想不到的事情发生了。

衮代这个“傻根儿”儿子自尊心受到了伤害，觉得母亲给自己丢了脸。莽古尔泰想到自己作为四大贝勒之一、正蓝旗旗主，具有不可限量的前途和地位，尤其在父汗面前，地位牢不可破。没想到母亲行为不检，被父汗休弃回家，不但丢了面子，还很担心努尔哈赤迁怒于他。

就在这种心境的驱使下，莽古尔泰走火入魔，居然憎恨起亲生母亲，终于寻找到一个机会，他残忍地杀害了生母衮代。《清皇室四谱》记载："寻，莽古尔泰弑之"，讲的就是这件事。

“傻根儿”露刃

查阅史料，会发现莽古尔泰绝对是个大功臣。尤其是天聪四年之前，莽古尔泰屡立战功，不表扬他都不行。

努尔哈赤时期，于建国元年的天命元年四月，莽古尔泰就被封为“和硕贝勒”，在四大贝勒中排行第三，所以被称为三贝勒。

天命四年，在著名的萨尔浒战役中，莽古尔泰设伏兵，积极策应，大破明军，取得了萨尔浒大捷，莽古尔泰有其功。

天命十年，莽古尔泰率军攻击察哈尔部林丹汗军队，大获全胜；天命十一年，莽古尔泰随军讨伐喀尔喀巴林部，大获全胜。这一切都受到了努

尔哈赤的赞许。

总之一句话，在努尔哈赤时期，莽古尔泰征战四方，功绩无算，其间，虽然发生了莽古尔泰弑母事件，但努尔哈赤并没有惩戒这个莽撞的傻儿子，主要是看中他的军功，并不断加以重用。

天聪年间，以天聪四年为界限，前后有一个变化的过程。天聪四年之前，莽古尔泰是得到皇太极信任的，至少没有关于两人之间公开矛盾的记载。其间，莽古尔泰参与了天聪元年的“宁锦之战”，天聪三年的“入口之战”，并在其中发挥了重要作用。天聪四年二月，莽古尔泰率军攻克关内的永平、遵化二地。

可是，进入天聪五年的时候，莽古尔泰与皇太极之间的关系急转直下，发生了戏剧性的变化。这源于一场战役，就是大凌河战役。

当时，莽古尔泰的正蓝旗军负责围困大凌河城的正南方，任务重要。其实，八旗军围攻每一座城池，有分工也有合作。莽古尔泰虽然负责正南方守卫，但也要听从统一指挥，策应其他方向的部队。可是，这个时候的莽古尔泰被人告发，说他不听从统一指挥，贻误了军机。

本来，遇到这种情况，作为臣子，必须无条件执行，听从君主的批评。即使情况有误，也要本着“有则改之，无则加勉”的态度，至少不能当众顶撞。可是，莽古尔泰有点傻，他居然不能忍受，做了两件让人大吃一惊的事情。

一是当众顶撞。《清史稿》记载了这对兄弟的对话：

上偶诘之曰：“闻尔所部兵每有违误。”

莽古尔泰恚曰：“宁有是耶？”

上曰：“若告者诬，当治告者；果实，尔所部兵岂得无罪？”

莽古尔泰曰：“上何独与我为难？我固承顺，乃犹欲杀我耶？”

在这种心境的驱使下，
莽古尔泰走火入魔，
居然憎恨起亲生母亲，
终于寻找到一个机会，
他残忍地杀害了生母
衮代。

李寅语录

可是，当时的政治局势异常复杂，宗室中甚至有反对的声音。正当皇太极迷茫之时，一个叫萨哈廉的人给他解了围，这是他意想不到的事情。

你来我往，这对君臣兄弟互不相让。皇太极责怪莽古尔泰的部队不守规矩，莽古尔泰抱怨皇太极处事不公。这就叫皇太极下不来台了，在封建社会，谁敢当众顶撞君主呢？难道他不要命了吗？

二是御前露刃。敢于顶撞皇太极，已经让人大为震惊了，谁知道接下来又发生了更让人吃惊的事情。史料记载，两个人吵过之后，皇太极起身离开，正在这个时候，莽古尔泰突然挺身过去，目露凶光，注视着皇太极；而他的右手居然狠狠地攥着佩刀的刀柄。这个举动，让皇太极大吃一惊，心想：难道他要杀我吗？

这时，突然从旁边闪过一个人，一边大骂莽古尔泰，一边捣过一拳，击中莽古尔泰。大家定睛一看，这人正是莽古尔泰的亲弟弟德格类。其实，德格类这样做是为了保护哥哥莽古尔泰。可是，傻根儿不理解，《清史稿》记载："莽古尔泰益怒，抽刃出鞘。"他居然暴躁地拔刀出鞘，在场的人都惊呆了，他要干什么呢？

"傻根儿"谋反

他要干什么呢？皇太极心知肚明，莽古尔泰再鲁莽，再傻根儿，也不敢当众弑君，这种杀头大罪他能不知道吗？

皇太极当众丢了丑，心中极为不快，岂能就此罢休。于是，皇太极做了两件事情，以报心中仇恨。

第一，当众揭丑。皇太极当众揭露莽古尔泰曾经亲手杀母，以邀宠于父汗努尔哈赤。这件事非同小可，早年并不为人知晓的丑闻被当众揭开，莽古尔泰的声望一落千丈。

第二，处罚泄愤。《清史稿》记载：“诸贝勒议莽古尔泰大不敬，夺和硕贝勒，降多罗贝勒，削五牛录，罚银万及甲胄、雕鞍马十、素鞍马二。”不仅爵位被降下来，还遭到罚款、罚物的处理。

这件事情的处理算是告一段落，莽古尔泰虽然窝囊，也没有其他的办法。在以后的日子里，君臣之间的关系照旧。天聪六年，他还多次出征，讨伐察哈尔林丹汗，入关伐明等。莽古尔泰心想，算是过去了吧？一颗悬着的心似乎放下了。

可是，令人意想不到的事情发生了，天聪六年十二月初二，在这个冰天雪地的日子里，三贝勒莽古尔泰暴亡。

关于莽古尔泰的死，一直是个谜，有人说与皇太极有关，这会是真的吗？

史料记载，莽古尔泰死后，皇太极非常悲痛，他亲临其丧，在莽古尔泰的府邸中门外设置大帐，立牌位祭奠。皇太极放声大哭，悲痛异常。天色暗下来，已经很晚了，皇太极仍不肯离开，一直在那里为之祭奠，直到三更天才依依不舍地离开。

看来，莽古尔泰的死与皇太极关系不大，也就是说与皇位争夺无关。

可是，资料显示，莽古尔泰涉嫌谋反。就在他去世之后，发生了一件大事，惊天动地。

天聪九年十二月，冷僧机到刑部敲击登闻鼓，求见刑部贝勒济尔哈朗，说有重大机密讦告。冷僧机，叶赫部人，努尔哈赤灭叶赫部时将其俘获，分配给正蓝旗为奴。后来，皇太极的姐姐莽古济改嫁琐诺木时把他挑出作为家仆。冷僧机出身虽然卑微，但为人机警狡猾，善于察言观色，阿谀奉承。久而久之，被莽古济看重，成为她的心腹。所以，莽古尔泰与人策划“大事”的时候，冷僧机作为心腹参与其中。

有资料记载，莽古尔泰策划了一场鸿门宴。当时，莽古尔泰找了自己的亲姐姐莽古济格格以及一些亲信，制订了一个方案，准备在酒宴上杀死皇太极。他说："我把皇太极得罪了，他不死就得我死；所以，我必杀之。"莽古尔泰接着说："除掉皇太极，成功了，我就是大汗；失败了，我就退到开原，开原这个地方很坚固，我们没有什么后顾之忧。"

结果，莽古尔泰暴亡，计划没有实施。可是，到天聪九年，冷僧机告发主子，皇太极迅速查抄了莽古尔泰的府邸。结果，在莽古尔泰王府搜出木牌印十六面，上面刻着"金国皇帝之印"，认定为谋反的重要证据。主要案犯莽古济、琐诺木、屯布禄、爱巴礼也都供认不讳。此事大白于天下。那么，对于已经去世三年之久的莽古尔泰怎么办呢？严惩不贷，这种谋逆之事必须严办。皇太极可毫不客气，他处死了莽古尔泰之子额必伦，其他子女被废黜出宗室，子孙由黄带子降为红带子；同时，莽古尔泰所掌管的正蓝旗建制被取消，属员被分别编入正、镶两黄旗，"八旗"一度成了七旗。

一个特殊的女人

遍查清宫历史，有一个女人很特殊，她身为当朝皇帝皇太极的姐姐，却备受欺凌，最终被“凌迟处死”。这在清宫几百年的历史中绝无仅有。这个女人就是大名鼎鼎的哈达公主莽古济格格。

初婚失利

莽古济格格是努尔哈赤第三女，她的生母是努尔哈赤的继妃富察氏，大名鼎鼎的衮代，也就是莽古尔泰的亲生母亲。

从家庭环境这个角度讲，莽古济身为一个格格很不利，因为女孩子是需要温柔、贤顺的性格的，可她的母亲衮代很强势，处事又不冷静，而这种基因传给了她的女儿；同时，莽古济的哥哥莽古尔泰也是个极不冷静的人，处事莽撞至极。这样的家庭环境使莽古济从小养成了跋扈、高傲、躁急的性格特征。

从婚姻这个角度讲，莽古济是不幸的。

因为她的父汗根本不尊重女儿自己的选择，也不尊重女儿对美好婚姻的追求。以莽古济的性格，她热情奔放，喜欢富有激情的同龄男子。可是，父汗不管这些，他只想利用女儿的婚姻，为自己的事业服务。所以，努尔哈赤做出了令人意想不到的决定。

他居然想把心爱的女儿嫁给一个比她大近 30 岁的老男人，这个男人就是孟格布禄，只因为孟格布禄是哈达部的首领。努尔哈赤雄心勃勃，一心要征服女真各部，哈达部当然在他的视野之内。

最终，努尔哈赤放弃了这个想法，大致有两个原因：一是孟格布禄是个朝三暮四之人，他早已妻妾成群，莽古济如果嫁过去，只能屈居人下；加之他有很多子女，关系不好处，努尔哈赤不可能不思量这个问题。二是孟格布禄对努尔哈赤不忠，引起了努尔哈赤的警觉。

努尔哈赤曾经保护过孟格布禄的利益，可是，孟格布禄恩将仇报，多次背叛努尔哈赤，这就引发他和建州之间的战争，最终，孟格布禄成为努尔哈赤的阶下囚。本来，努尔哈赤并不想杀害孟格布禄，毕竟是曾经的盟友，努尔哈赤还是顾念旧情的。可是，接下来发生的事情，给孟格布禄招来了杀身大祸。

孟格布禄被俘以后，努尔哈赤善待了他，把他恩养起来。可是，万历二十七年，他居然与噶盖同谋，企图发动政变，杀害努尔哈赤。噶盖，伊尔根觉罗氏，他本是努尔哈赤的大功臣，为了努尔哈赤的事业出生入死，最关键的是噶盖曾经受命与额尔德尼同创满文，是满文的创始人之一，努尔哈赤非常看重他。尽管如此，噶盖还是与孟格布禄一起，被努尔哈赤处死。

孟格布禄被杀后，努尔哈赤决定把女儿嫁给孟格布禄的儿子吴尔古代。努尔哈赤实在是太不顾及女儿的婚姻幸福了，把她嫁给一个仇人的儿子，岂不是太不负责任了？

以莽古济的性格，她不会喜欢吴尔古代这样的男人。吴尔古代完全不像他的父亲，他懦弱得很，也没有立场，完全听命于努尔哈赤。他在任期间，努尔哈赤吞并了哈达，吴尔古代亲手葬送了自己的部落，也因此赢得了努尔哈赤的认可。可怜的莽古济，她的青春就交给了这样一个没有血性的男人。

莽古济与吴尔古代的婚姻，先后持续了二十多年，两个人平静如水，没有激情，没有幸福，只是维持而已。

大约天命末年，当努尔哈赤的生命快要结束的时候，吴尔古代也悄然病逝了。他的死，使得莽古济深深地舒了一口气，她虽然有些丧夫的失落，但更多的却是摆脱不幸婚姻之后的挣脱感。

不祥之兆

要说莽古济出生在那样的家庭，吃喝不愁，娇贵无比，应该是很幸运的。可是，她的命运却是悲催的。

首婚的失利，给她带来了霉运，使得她郁郁寡欢。怎么办呢？莽古济失魂落魄地回到了阔别已久的娘家。可是，要强的性格决定了她的不幸福。莽古济觉得自己处处不如人，处处不遂心，心情抑郁。直到有一天，突然有了转机。

天聪元年秋七月，蒙古的敖汉部琐诺木杜棱归附皇太极，这使得皇太极欣喜若狂，他决定好好把握这个机会，想出了一个一箭双雕的好主意。

皇太极找到寡居于家的姐姐莽古济："这阵子可苦了你，一个人，又带着孩子很不易，我给你找了个好婆家。"

莽古济对皇太极向来是敬而远之，甚至有几分厌烦的心理。他真的会有好事等着我吗？莽古济将信将疑。

接下来，真相大白，皇太极给她找了个再婚的婆家，这个人就是诺琐木杜棱。莽古济静静地听完皇太极的陈述，人家是为自己好而精心安排的，也只有千恩万谢了。

可是，莽古济很清楚，这桩婚姻不会幸福，甚至与初婚相比还要不幸，为什么呢？因为这同样是一桩糟糕的婚姻。

首先，她被迫充当了“小三”的难堪角色。要说之前嫁给吴尔古代，虽然婚姻平淡，但婚姻中毕竟以她为主导，家里她说了算。这次不一样了，作为敖汉部的首领，杜棱早就妻妾成群，其中，最厉害的就是托古的妹妹，杜棱对她言听计从，十分宠爱。莽古济嫁进来，大家对她充满了敌视。

其次，这是一桩典型的政治婚姻。皇太极利用了她，利用她来笼络杜棱和这个部落。在那个时代，部落间结盟最好的办法就是联姻。敖汉部隶属漠南蒙古，而漠南蒙古中的科尔沁、扎鲁特、阿巴亥、喀尔喀等部早已同后金联姻结盟，皇太极的皇后、庄妃及最钟爱的宸妃均来自科尔沁部，淑妃则来自阿巴亥部；大贝勒代善、三贝勒莽古尔泰的福晋中也有来自扎鲁特的女子。敖汉部因地处热河一带，距离女真的发祥地比较远，兼之又与察哈尔部为邻，一直从属于察哈尔，便与后金之间没有联姻。这次，正好利用寡居的莽古济填补了空白。

莽古济看穿了皇太极的意图，满心不愿，可有什么办法呢？她忍辱负重，嫁给了这个不爱的男人。这个时候，她想起了初婚的那个男人吴尔古代，虽然日子过得平淡，可毕竟比这个地位要好很多啊。她心中充满了怨恨，与杜棱同床异梦。

对于杜棱来讲，则是另外一种感觉。他有一种被绑架的感觉。他的行动没有自由，当他带着部众去山上打猎的时候，被人盯上了，被论罪，遭到了皇太极的批评。杜棱感觉自己的老婆莽古济就是皇太极安插在他身边的一个眼线，必须提防着她。甚至整个府邸的人都防着她，莽古济感到空前的孤独，有一种身陷囹圄的感觉。

这叫什么夫妻呢？互相猜忌，互相提防。人们猜测，他们之间早晚会出大事的。真的会有这一天吗？人们产生了一种不祥的预感。

大祸临头

最让莽古济伤心的是，她被人出卖了，要是被旁人出卖也就算了，她也不至于太为伤心和失望，她被自己最“亲近”的两个人出卖了。

这两个人中，她最不愿意相信的是被自己的丈夫出卖了，他就是第二任丈夫琐诺木杜棱。她万万没想到，丈夫会出卖自己。要说感情，两个人之间确实没有，同床异梦。可是，把枕边人出卖，莽古济从来没有想过。

琐诺木杜棱出卖妻子，出于三个目的：

一是表现一下。皇太极对杜棱并不信任，派人不时监视他的一举一动，让杜棱倍感屈辱。在人屋檐下怎敢不低头，杜棱思考着办法，正好瞧准了这个机会，老婆莽古济和皇太极不和睦，有空子可钻，汇报一下，表现表现，改变皇太极对自己的看法。

二是出于报恩。琐诺木杜棱为了报答皇太极的恩情，天聪元年，琐诺木杜棱归附后金。皇太极为笼络敖汉部，才将寡居的姐姐莽古济公主下嫁给杜棱；随后，又将开原城赐给他们为属地，在开原城内修公主府，还赐给他们大量牛马、人丁、金银、衣物。所以，琐诺木杜棱对皇太极感恩戴德。

三是争利。当他听到莽古尔泰的一番话“如果我失败了，就退守开原”的时候，杜棱先是一愣，接着是不满。开原这个地方，是皇太极赠给他的封地，是他的势力范围，如今莽古尔泰要染指他的地盘，使他产生了极大的不安和不满情绪。

所以，杜棱急忙拜见皇太极，宴席中，趁着酒劲，杜棱对皇太极说道：“皇上不当惟兄弟是倚，行将害上，宜慎防之。”虽然皇太极并没有听明白，却也算为自己找了一条退路。果然，后来事发，皇太极没有追究杜棱，放了他一马。

另一个出卖她的人是冷僧机，这个人的举动，让莽古济吃惊不小，也让她伤心不已。冷僧机作为家奴，竟然肆无忌惮地出卖主子，欲置主子于死地，显然让莽古济极为震怒。可是，一切都晚了，她已经成为阶下囚。冷僧机因为告发莽古济而立下“大功”，不但自己进入安全区，还得到了很多赏赐，他庆幸自己的选择。

有这两个人的出卖，莽古济的大罪坐实了，皇太极认定自己这个姐姐大逆不道，帮助莽古尔泰篡夺皇位。该怎么处置她呢？皇太极决定采取极端办法。这样，一个前所未有的办法出来了。

先是孤立。皇太极和莽古济曾经因为一些事情而闹翻，莽撞的莽古济拂袖而去，失魂落魄地回家而去。这时，大贝勒代善意外地把她请到家中。这件事遭到皇太极的斥责，皇太极的这种态度，使得人们再也不敢接近莽古济，她被孤立起来。

接着是软禁。莽古济失去了自由，不得与任何人来往。她被残忍地圈进高墙之中，与外面的世界隔绝了。

最终要怎么处置这个姐姐呢？皇太极做了残忍的决定：处死。

莽古济格格被处死了，《清皇室四谱》中这样记载她的死：“谋逆伏诛，年未五十。”近年来，有人发文，说是皇太极实施了“凌迟”之刑。

莽古济是清朝宫廷几百年来唯一一位被公开处死的公主。努尔哈赤曾经要他的子侄发誓，绝对不许出现骨肉相残的局面，因此，努尔哈赤之后，历代皇帝都不敢轻易公开杀死皇亲血脉。只有这个莽古济格格，惨死在弟弟的屠刀之下，实在令人叹息。

斩草除根

谁都没有想到，皇太极为了巩固皇权，对莽古尔泰等威胁到皇权的人进行了彻底的清洗。俗话说“斩草务必除根”，皇太极采取了非同寻常的措施。皇太极认识到，莽古尔泰的嫡脉血亲不能留。

首先是德格类暴亡。

德格类（1592—1635年），清太祖努尔哈赤第十子，生母是富察大福晋，他与莽古尔泰、莽古济系一奶同胞。德格类战功卓著，早在努尔哈赤时期，就跟随太祖南征北战；皇太极即位后，德格类更是战功累累，大凌河之战、降服林丹汗部、收降孔有德、耿仲明等汉将，德格类有其功。

德格类是个非常机灵的人。就在大凌河之战不久，皇太极与莽古尔泰之间矛盾凸显，莽撞的莽古尔泰“御前露刃”，惹恼了皇太极。就在这紧急时刻，德格类出于保护亲哥哥的目的，采取了措施：一是教训了哥哥，他一拳打过去，并提示他莫干傻事；二是将哥哥推出现场，实际上是要更好地保护哥哥。要说，德格类够机灵的，马上就能意识到其中的危险。表面上为皇太极出气，实际上是为哥哥解围。同是一母所生，莽古尔泰就没能看出来，他生气地大骂弟弟，而且变本加厉，做了更加蠢笨的举动。

以德格类的机灵聪明，是不会干出谋逆傻事的。可是，他很倒霉，当年哥哥莽古尔泰与人谋划“大事”的时候，他在场。天聪九年，冷僧机举报的名单中就有德格类。

果然，德格类遭遇了不幸。天聪九年十月初二，德格类突然去世，档案记载：“中暴疾，不能言而死。”去世前，都不能说话，蹊跷得很，看来是遭遇了不幸。他的子孙也因此受到了惩罚。这样，莽古尔泰、莽古济、德格类这三个亲兄妹都纷纷遭遇了不幸。

其次是莽古济的两个女儿遭到了不幸。莽古济有两个女儿，这两个都是她和前夫吴尔古代的女儿。大女儿嫁给了岳托，二女儿嫁给了豪格。

由于莽古济遭到皇太极的清洗，她的女儿也未能幸免。二女儿首先遭到了不幸。

这件事源于豪格的再娶。天聪九年，林丹汗的伯奇福晋嫁给了豪格。这本是一件好事，可没想到的是豪格的岳母莽古济节外生枝，她见豪格娶了一个俊俏的蒙古贵妇，冷落了自己的亲生女儿，不禁大动肝火。在豪格举行的婚宴上，莽古济离席而去，使得皇太极极为尴尬。这也是皇太极与莽古济格格之间关系激化的原因之一。

后来，莽古尔泰“谋逆”事发，莽古济被牵连其中，遭遇不幸，她感觉两个女儿中二女儿不会有危险，她的女婿豪格是皇太极的长子，会保护自己的老婆。

事与愿违，没想到豪格为了自保，竟然做出了灭绝天良的选择。豪格观察到，皇太极极端憎恨莽古济一家，必欲除之而后快，其中也包括自己的老婆。怎么办呢？他思虑再三，决定杀妻明志，向父皇表明自己的立场。就这样，豪格残忍地亲手杀死了结发妻子，他也因此得到了皇太极的信任，得到了诸多好处。

莽古济的大女儿命运又将如何呢？

以莽古济的判断，这个大女儿会先遭遇不幸。可是，她错了，大女儿得以幸免，因为她嫁了一个好老公。

莽古济大女儿的老公是岳托。岳托（1599—1638年），努尔哈赤之孙，礼亲王代善之长子，满洲镶红旗人。岳托是清朝开国史上的一位重要将领，他在祖父去世后，以大局为重劝父代善拥立皇太极。岳托很早就投身戎马，太祖朝，岳托攻辽沈，征蒙古，与父亲代善同掌两红旗。岳托先被封为台吉、贝勒，后因军功被封为亲王，主管兵部。

岳托性情耿直，一身正气。当这场政治风暴到来的时候，他也曾犹豫，尤其是豪格处死了老婆，表明了自己的政治立场，使他处在了两难的境地。但他还是向皇太极请示，假意要效仿豪格处死妻子。皇太极为了自己的形象，制止了他，岳托乐得其所，老婆也因此保住了性命。

可是，世事难料。崇德三年八月，岳托率军入关伐明，攻城略地，“战功”不菲。这个时候，他不幸染上了天花，很快病逝军中。这个消息传来，他的老婆如五雷轰顶，因为靠山倒了。崇德四年四月，岳托灵柩运抵盛京后，他的大福晋立即殉葬，结束了自己的生命。至此，莽古济的后代彻底被根除。

被『除掉』的父子

这里说的父子，是舒尔哈齐和阿敏父子。这对父子的命运实在是太像了，舒尔哈齐是太祖努尔哈赤的弟弟，天命年间，由于对努尔哈赤怀有异心，被努尔哈赤幽禁致死；阿敏是太宗皇太极的哥哥，崇德年间，由于他对皇太极怀有异心，被皇太极幽禁而死。真是一对同命父子。

被杀家属

本来，努尔哈赤与舒尔哈齐应该同甘共苦，因为他们是命运共同体。一母所生，遭到继母的冷淡待遇，共同度过了艰苦的岁月。没有意外的话，哥俩儿会命运相连，越来越亲。俗话说："在外亲兄弟，上阵父子兵。"不会有错的。可是，他们之间很快就产生了裂痕。原因有两方面：

1. 外部因素的影响。明朝意识到兴起的建州会构成威胁，便想找机会分裂建州，打击建州的势力。于是，他们把目标锁定在了努尔哈赤和舒尔哈齐两兄弟身上，利用小恩小惠来引诱舒尔哈齐，舒尔哈齐挺受用的。还有就是朝鲜，朝鲜也看到了舒尔哈齐的弱点，也想趁机离间他们之间的关系。明朝与朝鲜都是看到了舒尔哈齐的弱点，才找机会离间他们哥儿俩的。

2. 舒尔哈齐的欲望。舒尔哈齐看到了努尔哈赤的势力非常大，万历二十三年，努尔哈赤帐下有精兵近万人，战马 700 匹，人多势众，势力强大，这便引起了舒尔哈齐的忌妒。所以，舒尔哈齐总想自立为王，不受努尔哈赤的约束。俗话说“苍蝇不叮无缝的蛋”，他们之间的嫌隙逐渐被外人看出来，尤其是舒尔哈齐，毫不掩饰自己与哥哥之间的矛盾，就想趁机获得最大的利益。

这样，舒尔哈齐便耍了个小心眼，做了很多与努尔哈赤离心离德的事情。查阅史料，这样的例子太多了：

与努尔哈赤争礼品。作为建州的首领，努尔哈赤和舒尔哈齐会经常得到明朝和朝鲜的礼品，那个时候，他们很看重这个，因为这代表着身份和地位。显而易见，在明朝和朝鲜人看来，哥儿俩的地位是不一样的，努尔哈赤的地位高于弟弟。这引起舒尔哈齐的不满，他总想找机会改变这一状况。所以，有一天他对朝鲜使臣说：“以后再送礼，我们哥儿俩的数目和品种应该一样，不可分出高下区别！”这件事的发生，使哥儿俩的矛盾暴露出来了。

与努尔哈赤的仇敌结亲。早年，努尔哈赤与明朝将领李成梁结下大怨，有杀父之恨。这一点，舒尔哈齐是知晓的。尤其李成梁是明朝将领，威胁着建州的安全，应该对他时刻提高警惕。可是，舒尔哈齐做了一件背道而驰的事情，那就是与李成梁结为儿女亲家，他的女儿嫁给了李成梁的儿子李如柏。这件事传到努尔哈赤的耳朵里，使他极为震惊，恼怒之余，矛盾进一步加深了。

与努尔哈赤公然争执。要说努尔哈赤作为建州的首领，大家都应该服从他的统一指挥。可是，舒尔哈齐心有不甘，竟然在公开场合与之争执：

一次是万历二十七年，努尔哈赤派舒尔哈齐率兵两千攻打哈达。舒尔哈齐犹豫不决，他一方面惧怕哈达，另一方面又怕自己的兵力受损失，便不肯攻城。这引起努尔哈赤的不满，大声训斥他，舒尔哈齐仍然不听指挥。在这种情况下，努尔哈赤只好自带兵将，亲自攻城。

一次是万历三十五年，舒尔哈齐率领褚英和代善执行一次军事任务，途中，遭遇乌拉兵的拦截，舒尔哈齐由于胆怯而退缩不前；代善和褚英则率军勇敢迎敌。经过激战，冲破包围，取得胜利。事后，努尔哈赤追究舒尔哈齐的行为，决定要处死他的两个部将常书和纳齐布。这个时候，舒尔哈齐悍然与努尔哈赤争吵："你杀死他们，就等于杀我，我坚决不同意！"努尔哈赤无奈，只好轻描淡写地处置了他们，常书罚银百两，纳齐布则没收他的人口。这件事的处理，影响很坏。

凡此种种，暴露出努尔哈赤与舒尔哈齐之间不可调和的矛盾，他们两个剑拔弩张，随时都有爆发的可能。果然，努尔哈赤担心的事情发生了。

舒尔哈齐找来自己的三个儿子阿尔通阿、扎萨克图、阿敏，商量大事。万历三十五年，舒尔哈齐带着几个儿子和少数部下来到了铁岭东南的黑扯木，在那里伐木建造房屋，开辟新的根据地，另立门户。黑扯木临近明朝的军事重镇铁岭，可以直接依靠明朝的军事保护，它的东面又与乌拉部落接邻，能随时得到盟友的援助，这样，舒尔哈齐完全与努尔哈赤对立起来。

努尔哈赤会怎么办呢？努尔哈赤思虑再三，做出了最痛苦的决定：必须除掉这个异己分子，这个叛徒。

万历三十七年（1609 年）三月，努尔哈赤突然袭击，拘捕了舒尔哈齐的两个儿子阿尔通阿、扎萨克图，并且杀死了他们；部将武尔坤也被活活

烧死在了树上。努尔哈赤余怒未消，仍打算将舒尔哈齐的次子阿敏处死，只是在皇太极等人的极力求情下，阿敏才逃过一劫，免予一死，不过没收了他的一半家产。

舒尔哈齐走投无路，向努尔哈赤投降，努尔哈赤拘捕了他，舒尔哈齐被囚禁在一间暗室之中，用铁锁锁住，仅留两个孔穴给他送食物。万历三十九年八月十九日，舒尔哈齐在囚禁中病逝，也有说他是被兄长努尔哈赤秘密杀害的，时年 48 岁。

这就是二贝勒阿敏的父亲，一个被处死的父亲，这样，阿敏就成了“被杀家属”。

恩将仇报的后果

舒尔哈齐被处死之后，阿敏成了可悲的“被杀家属”，他的处境瞬间发生了变化。他形象尴尬而猥琐，他很担心自己的命运会不会就此被葬送。

会的。努尔哈赤愤怒之余，动了杀机，杀了舒尔哈齐的两个儿子。阿敏的命运岌岌可危，他吓坏了，努尔哈赤会不会杀掉他呢?

这个时候，幸亏一个大恩人的极力相救，他跑到努尔哈赤那里奋力相救，劝说，苦苦地哀求，最终感动了努尔哈赤，放弃了杀掉阿敏的念头，不仅如此，努尔哈赤还把阿敏恩养在自己那里，视如己出，给了他很多展示才华的机会。这个大恩人就是阿敏的堂弟，努尔哈赤的第八子皇太极。这样说来，阿敏应该感恩，感谢努尔哈赤的不杀之恩，感谢皇太极的救命之恩。

阿敏也确实很作脸，努尔哈赤对他很满意。攻打乌拉，他一鼓作气，凡此种种，暴露出努尔哈赤与舒尔哈齐之间不调和的矛盾，他们两个剑拔弩张随时都有爆发的可能。

李寅语录

皇太极黄袍加身，弃汗称帝了，看上去风光无限。可是，美丽的光环下面，隐藏着很多鲜为人知的秘密，或可说是其中有诈。

身先士卒，立下大功；萨尔浒大战，他坚决执行努尔哈赤的军事部署，击败明军，乘胜追击，灭掉叶赫，等等。他成了努尔哈赤帐下的一员虎将，不可或缺的大将军。所以，天命元年，努尔哈赤册封子侄，阿敏位列四大贝勒之中，序位第二，号称二贝勒，参与后金军国大事的决策，成为炙手可热的人物。

天命十一年，努尔哈赤忧郁去世，阿敏的大恩人皇太极即位。那么，阿敏将如何积极表现，来报答当年的救命之恩呢？

他的报恩形式很是特别，谁听了都会大摇其头。

一是“心怀异志，谋求自立”。

这是一件非同小可的事情，阿敏居然心怀异志，说起来非常可怕，实际上等于叛逆之罪，这谁担得起呢？考证史料，发现了这一史实。

天聪元年正月，阿敏奉命率军征伐朝鲜，随行的还有济尔哈朗、岳托、杜度等王公。任务是不仅要征服朝鲜，还要征讨名将毛文龙。皇太极再三叮嘱，要达到一箭双雕的目的，对于朝鲜，一旦征服即行议和撤兵。

可是，阿敏竟然背离皇太极的意图，征服之后签订了《江都和约》，却不想撤兵。阿敏对岳托等人说：“你们可以回去，我不回去；我要到朝鲜王京去。”他还怂恿杜度与他一起留驻王京。

这是一种非常大胆的背叛行为，这意味着阿敏要另立门户，背叛皇太极。随行的王公大臣都大吃一惊，大家纷纷劝说，尤其是他的弟弟济尔哈朗，更是出于保护哥哥的目的，苦口婆心地加以引导，最终阿敏放弃了这一想法。可是，阿敏竟然下令士兵掠夺朝鲜人民的财物，纵掠三天才离开。

二是临阵脱逃，大肆屠城。天聪三年，皇太极入关伐明，先后攻下了永平、滦州、迁安、遵化四城。之后，皇太极命令阿敏等驻守四城，以之为根据地，为将来入关做准备。皇太极在撤离的时候，一再叮嘱阿敏要“毋侵害归顺之民”，对于已经投降的百姓要网开一面。可是，阿敏背离了皇太极的意图。

他面对明朝的反攻，不是积极应对，而是不做任何抵抗，就落荒而逃，致使四城丢失。不仅如此，阿敏还背离皇太极善待顺民的意图，在撤离永平的时候，实施了残忍的屠城，大批无辜百姓死于他的屠刀之下。

阿敏的倒行逆施影响极坏，使得那些汉民对清朝的八旗兵产生了畏惧心理。

此外，阿敏还多次做了对不起皇太极的事情，比如与皇太极抢女人把女儿嫁给皇太极的敌人擅作威福，侵扰皇权，等等。

皇太极已经忍无可忍，天聪五年六月，皇太极召集王公大臣，定其十六条罪状。本来，可以处死他，皇太极效仿当年努尔哈赤对阿敏父亲舒尔哈齐的做法，把他囚禁起来，暂时留其性命。崇德五年十一月，阿敏死于狱中。这就是阿敏恩将仇报的结果。

舒尔哈齐与阿敏这对父子，都因为“心怀异志”，背叛君主而遭到囚禁，最终死于狱中，可谓殊途同归。

侥幸逃生

皇太极继承汗位后，最担心两个家族，因为这两个家族的势力最为强大：一个是大妃阿巴亥遗下的三个皇子，阿济格、多尔衮和多铎；一个就是代善家族，以代善和他的长子岳托势力最大，对皇权构成威胁。面对这两大势力，皇太极会斩草除根吗？

一个“精灵”

天命十一年，努尔哈赤黯然离世，当时大家非常看好的大妃阿巴亥家族处境微妙。这个家族主要是阿巴亥和她的三个儿子：阿济格、多尔衮和多铎。因为阿巴亥是努尔哈赤临终之际唯一的见证人，她应该知道老汗王是怎么安排接班人的。所以，就在努尔哈赤去世之后的第二天，足智多谋的皇太极出其不意，发动凌厉攻势，迫令阿巴亥殉葬，瞬间击碎了阿巴亥家族的所有梦想。史料记载，阿巴亥临终之际，悲凉地对皇太极说：“我死之后，你们要善待我的三个儿子，他们还小啊！”悲凉的声音，凄切的场面，让人感到宫廷斗争的残酷，人间世事的冷漠。

阿巴亥是死不瞑目的，她有一个最大的担心，那就是她的三个儿子，他们能够渡过难关吗？这一年阿济格22岁，多尔衮15岁，多铎13岁。阿巴亥知道，生母被杀，三个亲生儿子定会报杀母之仇。这个敏感的问题，皇太极会不知道吗？

果然，皇太极朝他们下手了。阿济格因为年长，具有一定的势力，是首要打击的目标。

先是找碴儿，没事找事。天命十一年十二月，扎鲁特蒙古厄参台吉投奔后金，按照当年努尔哈赤的政策，厄参投奔谁是有自由的，听其自愿，厄参愿意投奔心直爽快的阿济格。可是，德格类贝勒依仗三贝勒莽古尔泰的权势，想要厄参加入他的本旗，双方发生争执，鲁莽的阿济格伤了德格类的人。按理皇太极不应该管这种小事，可是，他管了，目的就是压制阿济格。他把厄参强行判给德格类，并对阿济格罚银一千两，罚鞍马四匹、盔甲四副、马七匹。阿济格能服吗？

接着是夺权。天聪二年，阿济格再次触了皇太极的霉头。由于当年皇太极迫令大妃阿巴亥殉葬努尔哈赤，她的弟弟阿布泰自然成为皇太极的敌手。皇太极即位之后，不但不重用阿布泰，还规定不允许贵族们与之结亲。可是，阿济格不管这一套，他主持，让弟弟多铎娶了阿布泰的女儿。皇太极大怒，严厉惩治了阿济格，免去了他的镶白旗旗主的地位。

阿济格性格鲁莽，直言不讳，遭到了皇太极一次次的打击。不过，皇太极还是网开一面，并没有要除掉他的意思。直到崇德改元，阿济格还被封为郡王的爵秩，已经是不幸之中的万幸了。

另一个挨收拾的就是多铎。要说多铎，虽然年幼，却非等闲之辈。在皇太极即位之后，他多次参与征伐，而且有自己独到的见解。比如天聪七年，皇太极征询大家，朝鲜、明朝、察哈尔应该先进攻哪个，多铎坚决主张先攻明朝，有理有据，皇太极采纳了他的建议。之后，他多次征明，征朝鲜，屡立战功。

可是，皇太极对他心存芥蒂。加之多铎本人有很多缺点：与皇太极作对，元旦庆贺进献病马；临阵脱逃，不战而退；风流好色，违制携带妓女于军中，并于崇德八年，谋夺大学士范文程的漂亮妻子；等等。皇太极岂能饶过他，多次给予他降级的处分。

这样看来，阿巴亥遗下的三个儿子中两个是成不了大气候了，那么，还有一位多尔衮，他怎么样呢？

这个多尔衮非常机灵，年龄虽然不大，却能一次次化解危机，身份和地位直线上升。

天聪二年，以从征有功受封为“墨尔根代青”，晋封贝勒爵位；天聪五年，掌吏部事；天聪九年，多尔衮更是获得了传国玉玺，他抓住时机，献给皇太极，极力拥护他弃汗称帝。从此他时来运转：崇德元年，晋封亲王；崇德三年，受封奉命大将军，入塞伐明……这个机灵的多尔衮，赢得了皇太极的信任，不仅保住了自己的性命和爵位，也保住了兄弟的性命和爵位。

他就是一个“精灵”，一个打不倒的小个子。

“曲线救国”

褚英死后，代善曾经一度成为接班人的人选。虽然，后来遭到努尔哈赤的废弃，但代善一家的发展仍然势头迅猛，可谓树大根深，势力最大。代善之子岳托、硕托、萨哈廉、瓦克达，都是英勇善战的猛将，很早就披

挂甲胄，冲锋陷阵，屡败敌兵。岳托、萨哈廉更是能文能武，聪明过人，善于从大局出发来处理军政大事，都是不可多得的人才。代善、岳托、硕托、萨哈廉还是代表后金国对外交涉的十固山执政贝勒成员。代善本人拥有正红旗、镶红旗二旗，在诸王中实力最大。

所以，努尔哈赤病逝之后，诸子争夺汗位继承人的时刻，大家一致认为代善最有资格和能力接班了。可是，代善是个有自知之明的人，他考虑到一旦继承汗位，就会成为众人瞩目的焦点，自己很难坐稳这样的位置。于是，代善决定让贤。

他的两个儿子岳托和萨哈廉心领神会，提出坚决拥护皇太极继位。在代善父子的极力运作下，诸王大臣中虽然有不服皇太极的，但一看权势最大的代善家族拥护，也就偃旗息鼓，最终达成了一致意见，皇太极顺利即位了。

这样看来，代善家族对皇太极即位有拥立之功，皇太极自然应该感恩，应该给予他们父子最大的利益。实际上，皇太极也是这么做的，给代善父子加官晋爵，礼遇极隆。这个时候，明眼人一眼就看出，代善父子的做法叫作“曲线救国”，以拥戴之功，获取最大的利益。

皇太极自然感恩于代善父子的拥戴，关键时候若没有他们的拥戴，继承汗位是不可能的。可是，皇太极也有担心，代善父子会不会以此居功自傲呢？那个时候控制他们可就难了。皇太极思虑再三，决定还是要提高警惕，以防万一。所以，代善父子遭到了皇太极的压抑和排挤。

皇太极首先惩治了岳托。

崇德元年，皇太极命令多尔衮、济尔哈朗、多铎、豪格、杜度等王公，议论岳托的罪过。王公大臣心知肚明，经过讨论，给岳托定了五大罪：

一是为父亲诿过：“我父不悦，可将黄马给我，复还我父。”

二是支持莽古尔泰，与皇太极对立。

三是阴谋中伤郑亲王济尔哈朗。

四是袒护亲弟弟硕托。

五是离间郑亲王与肃亲王。

按照满洲的惯例，这些罪行都是大罪，罪名一旦成立，是要处以极刑的。案件的结果报到皇太极那里，皇太极陷入了深思，要怎么办呢？皇太极的最终结果是：放他一马，做了降级，降亲王为贝勒；罚银千两。这样，惊恐万状的岳托对皇太极自然是感激万分。皇太极的目的达到了。

其次是处置代善。

处置岳托，那只是一个信号，是杀鸡给猴看，关键是要制伏代善。对岳托的惩治，会真正制伏代善吗？皇太极拭目以待。实际上，皇太极对代善早就不满意了。天聪九年，代善做了一件忤逆皇太极的事情。同年九月，代善私自设宴款待，并馈赠财帛给怨恨皇太极的姐姐哈达公主，皇太极盛怒之下，登门责问代善。之后，皇太极召集诸贝勒大臣会议，罗列代善一系列罪名，并予以当面斥责："古往今来，无论强大的君主，幼小的君主，拥戴为君的，都是君主。既为君主，就要一统制令，怎能不分轻重？"为此，皇太极还提出要退位的话，闭门不出，逼迫大臣给代善定罪。

经过这个事件，又经过处置岳托事件，代善觉得风暴过去了，自己安全了。可是，山雨欲来，皇太极要彻底制伏代善，要他服服帖帖，又向他发起了新一轮的攻击。

崇德二年六月二十七日，皇太极命追论征朝鲜时诸王公大臣违反军纪之过。法司给代善定了六条罪，决定给予代善处罚，请皇太极定夺。皇太极召集王公、贝勒、大臣，当众宣布这些罪状，当时就使得代善汗流浃背，羞愧万状。虽然皇太极最终免除了对他的处罚，对于代善来讲，却是受到了极大的震撼。这个时候的代善陷入了沉思，要怎么办呢？不能再顶着了，必须调整策略。代善是个聪明人，他突然想到，当年为了家族的利益，使用了“曲线救国”的策略，目的实现了。可如今，皇太极屡屡找碴儿，再次面临危机，他决定再次施行“曲线救国”，先退一步看看再说，他要韬光养晦了。

最明显的一个例子就是，崇德三年八月，因为各旗排班问题，代善遭到多尔衮的诬告，无中生有地加以陷害，而皇太极听信了多尔衮的一面之词，批评代善“年迈颠倒”。受了很大委屈的代善要如何呢？

十二月二十七日，代善自行检讨说：“我延误了排班，可以送去法司审拟。”对此，皇太极心知肚明，最终皇太极赦免了代善，他的“曲线救国”初见成效。之后，代善深居简出，偃旗息鼓，一切以保护家族人员的安全为主。

效果果然不错，皇太极重新审视代善，对他反而恭敬有加。

崇德三年，代善的两个儿子岳托和玛占率军征明时战死疆场。噩耗传来，代善下马倒地痛哭，皇太极命左右扶代善上马，表达了深切的关怀。还有一次，代善陪同皇太极打猎的时候，骑在马上射獐子，马匹跌倒，导致代善脚部受伤，皇太极策马至前，下马亲自为代善包扎，以金卮赐酒，饮毕叹道：“朕以为兄长年高不可驰马，兄长奈何不自爱？”并下令停止射猎，表达了对代善的无限关照之情。

第五章 女人花

已故香港歌后梅艳芳曾经深情演绎《女人花》这首歌，歌词深情，腔调儿委婉，令人销魂。可是，一代枭雄皇太极怎么会和“女人花”联系在一起呢？只因为他同样深情，他的事业、爱情、命运都与女人结下了不解之缘。

俗话说“男人的一半儿是女人”，还有一句话“军功章上也有你的功劳”，都是在强调女人的重要性。那么，皇太极的军功章上面都有哪些女人的功劳呢?

科尔沁三枝花

皇太极的后宫之中，有一个很奇怪的现象，就是“姑侄三人共嫁一夫”。姑姑和两个侄女都是皇太极的女人，这真是罕见的事情，当时，号称皇太极后宫中的三枝花。更有一个怪现象，这三枝花均是蒙古族。

其实，这里面包含了当时满洲和蒙古的两个民族的婚姻习俗。

其中一个重要的婚姻习俗就是满蒙联姻。说是习俗，不如说是一种政治手段和政治制度。这个制度开始于努尔哈赤时期，努尔哈赤当时的目的是想通过这种联姻的手段，与蒙古军事联合，共同对付明朝。同时，蒙古与清朝之间的紧密关系，形成了利益共同体，也解除了清朝的后顾之忧，具有重要的政治意义。

明万历四十年（1612年），努尔哈赤“闻蒙古国科尔沁贝勒明安之女甚贤，遣使往聘，明安许焉。送女至，上具车服以迎筵宴如礼”，这应该是史载满蒙之间最初的通婚活动。

之后，努尔哈赤的子侄也纷纷奉命施行满蒙联姻。

万历四十二年四月，努尔哈赤五子莽古尔泰娶喀尔喀蒙古之扎噜特部内齐之妹为妻；六月，八子皇太极娶科尔沁部莽古思之女；十二月，十子德格类娶扎噜特部哈拉巴拜之女。万历四十三年春，努尔哈赤自己又纳科尔沁贝勒孔果尔之女为妃。

不仅如此，满洲贵族之女，尤其是爱新觉罗家族之女，也被赋予一个特殊的使命：下嫁蒙古贵族。

天命二年（1617年），努尔哈赤之弟舒尔哈齐之女，下嫁喀尔喀部台吉恩格德尔，七年后，恩格德尔正式归附清朝，被编入满洲八旗。天命十年（1625年），努尔哈赤第八女下嫁喀尔喀部博尔济吉特氏台吉固尔布什。天命十一年（1626年），努尔哈赤将养子图伦之女肫哲公主嫁于外藩蒙古科尔沁部台吉奥巴。至此，不用动一枪一刀，仅通过娶媳嫁女，努尔哈赤便将蒙古科尔沁部、喀尔喀部等编入八旗，使之成为满洲统治集团的一部分，并在其后与明王朝的军事战争中发挥了十分重要的作用。

皇太极的后宫三枝花，就是在“满蒙联姻”的政治背景下，嫁给皇太极的。

先是哲哲嫁进来。哲哲出身高贵，是科尔沁蒙古莽古斯贝勒的女儿，万历四十二年，她16岁的时候，远嫁建州的皇太极，当年皇太极22岁。皇太极知道这是父汗的有意安排，便格外重视，他从赫图阿拉出发，出迎300多里，迎接高贵的新娘。

皇太极的后宫之中，有一个奇怪的现象，就是“姑侄三人共嫁一夫”。姑姑和两个侄女都是皇太极的女人。

李寅语录

莽古尔泰战功卓著，太祖时被封贝勒，号称『三贝勒』，是个备受世人瞩目的人物。可是，遍查史料，从他的所作所为来看，这个赫赫有名的三贝勒其实有点儿傻，是个『傻根儿』。

哲哲嫁进来之后，一直主持皇太极的后宫，成为女主人。他给皇太极生育了三个公主：固伦温庄长公主、固伦端靖长公主、固伦端贞长公主。三位公主中，固伦温庄长公主奉命下嫁林丹汗之子额哲。额哲对皇太极来说太重要了，天聪十年，他不仅归附了皇太极，还向皇太极献上了传国玉玺。

哲哲具有极高的政治眼光和政治智慧，当她意识到自己未能生育皇子，有可能动摇博尔济吉特氏家族在皇宫中地位的时候，便果断决策，安排自己的侄女进宫，这就是本布泰进宫了。

本布泰就是著名的庄妃，也就是孝庄文皇后。本布泰聪明伶俐，富有智慧，哲哲的目的是想通过侄女进宫，生育皇子，为将来继位接班做准备。可是，事情的发展并不如意，孝庄进宫后，接连生下了三个公主：固伦雍穆长公主、固伦淑慧长公主、固伦端献长公主，也就是说，直到天聪八年，庄妃也未能生育出皇子来，这让她的姑姑哲哲倍感着急和失望。无奈之下，哲哲决定再安排另一个侄女进宫为妃。这就是庄妃的姐姐海兰珠，姑姑安排她在天聪八年十月进宫。

至此，哲哲、本布泰、海兰珠姑侄三人共嫁一夫。科尔沁三位高贵的女人主宰了皇太极的后宫，成为耀眼夺目的“三枝花”。

最炫之花

三枝花中，最娇艳的要数本布泰了。这个小姑娘的发展历史实在太传奇了，她被称为“杰出的女政治家”，她的光芒甚至夺去了丈夫皇太极的光芒。所以，需要详述这个女人。

可是，本布泰进宫的时候，处境却是很尴尬的。她是姑姑平衡利害关系的御用品。当哲哲意识到科尔沁家族利益受到影响的时候，便选择了她进宫平衡，让她当一根平衡木。本布泰的进宫之路并不平坦，连续生育三个公主之后，让姑姑大失所望，不得已，才决定再选他人进宫，才有了九年之后的海兰珠进宫。海兰珠进宫之后，皇太极一见钟情，迅速堕入爱河，本布泰处境更为尴尬。当崇德二年七月，海兰珠诞下皇八子之后，皇太极欣喜若狂，立为皇嗣，本布泰就处于可有可无的地位了。

本布泰绝非等闲之辈，她不会甘心于被动的局面。机会终于来了。崇德三年，她再次怀孕，希望之火再次燃起。当时的人们看到怀孕的庄妃有两个奇怪的现象：一是“红光绕身”；二是“有龙缠绕”。现在看来，这两点都是故弄玄虚，却是庄妃的希望所在。十月怀胎之后，她果真生下了一个皇子，这就是皇九子福临。

福临的诞生，在典籍中被渲染得神乎其神。先说庄妃做了一个奇怪的梦，梦见一个神人怀抱一个孩子，交给了庄妃说：“此统一天下之主也。”然后这个神人就不见了。庄妃醒来后，将梦中的事告诉了皇太极，皇太极也感到奇怪，但承认这是吉祥之兆。

接着，典籍中渲染了福临出生时的怪现象：一是“阖宫异香”，满宫生香，香气四溢；二是福临的头发异样，头顶有一绺头发竖起来，与周围的头发迥然不同。所以，大家觉得这个孩子不普通，将来一定会成就大事业，皇太极也因此将他命名为“福临”，渴望这个孩子给家族和这个国家带来福气。庄妃则渴望自己能够因此而转变时运。

然而，一切都得靠个人努力。庄妃并没有坐等好运的到来。她是皇太极后宫中少有的活跃女性，这个年龄不大的女子，观察着时局的变化，渴望有一天走上政治舞台，发挥自己的聪明才智，让自己成为一枝最绚烂的花，成就一番大事业。她有这样的机会吗？

真是想什么来什么，庄妃居然获得了一个难得的机会。

崇德六年，皇太极与明朝军队之间爆发了松锦大战。蓟辽总督洪承畴调兵 13 万，与皇太极对阵。皇太极拉来 30 门红衣大炮，准备与之对决，一场生死大战展开了。在清军强大的炮火下，腐败不堪的明朝军队全线溃退，被围于松山城。洪承畴突围失败，被清军俘虏。

皇太极太需要洪承畴了，他的才华、他的影响、他的地位都深深吸引了皇太极。皇太极下令，要不惜一切代价，诱降洪承畴。

谈何容易呢？洪承畴是个饱学之士，多年受到汉文化的影响，最懂得君臣大义，岂能轻易投降清朝呢？所以，当时的能人都出面了。

多尔衮出场，先是以武力相威胁，不见效果，洪承畴要以死明志，大骂多尔衮，气得多尔衮要一刀杀了他。多尔衮大败而归。

范文程出场。范文程是个汉人，才华横溢，早年投靠努尔哈赤，又深得皇太极的器重。他来到囚室，对洪承畴动之以情，晓之以理，企图说服他：“您为明朝拼尽了生命，换来的是什么？早年就有深刻的教训呀。”洪承畴明白他说的是冤死的袁崇焕。但是，洪承畴并不买账，他大骂范文程是汉人的败类，然后表明了自己的心志：“人各有志，我绝对不会辜负大明皇帝对我的期望，绝对不做汉奸！你赶紧给我滚出去，不要再废话了！”说完，洪承畴闭目不语。范文程只好退出来，他又失败了。

皇太极得到这个消息，焦急万分，他这才感到了事情的难度，连足智多谋的范文程都一筹莫展，怎么办呢？他决心亲自出马，做最后的努力。

皇太极来到囚室，把一件华丽的裘皮大衣给洪承畴披上，企图感动他。谁知道洪承畴一把扯下来，扔到地上。皇太极仍没气恼，耐心劝说他归附大清，建功立业。洪承畴仍然是义正词严，毫不留情予以驳斥，然后闭目不语。皇太极无奈，只好退出来。他失败了。

这个时候，大家都觉得再没有希望了，这个洪承畴去意已决，看来只有死路一条了。皇太极一筹莫展，就要放弃了。

这个时候，庄妃出现了，她临危请缨：“皇上，何不让我去试一试。”皇太极先是一怔，他不敢相信，男人做不到的事情，一个小女子怎能实现呢？

庄妃轻移莲步道：“让我去试一试，也许会有转机。”皇太极没有更好的办法，便同意了，但是，他没抱一点儿希望。

庄妃并非莽撞之人，她是个极有心机之人，绝不打无准备之仗。她在领命之前，做了缜密的准备工作。

一是调查研究，看看有没有把握。庄妃从范文程那里了解到，洪承畴的绝食是假的，他不想死。范文程告诉她，洪承畴与之共处的时候，房顶掉下的一块灰尘落到了洪承畴的衣服上，洪承畴便用手掸下来。庄妃判断，洪承畴这么爱惜自己的衣物，是求生的表现，他绝不想死。

二是准备一壶人参汤，准备给洪承畴补补身体。

三是乔装打扮，浓妆艳抹，漂亮地前去探监。

果然，洪承畴在庄妃面前失去了立场，一步步被庄妃牵着鼻子走，最终，他答应了庄妃的请求，决定投降大清。

皇太极得到庄妃的喜报，简直不敢相信：“这是真的吗？不会是在做梦吧？”他掐了掐手臂，才相信这是真的。庄妃圆满完成了任务，完成了男人都无法完成的任务。

庄妃太牛了！整个大清都传开了她的事迹，她成了科尔沁三枝花中最炫的一枝花。

两枝路边花

皇太极的后宫之中，还有两个女人很重要，这两个女人的进宫标志着察哈尔蒙古对大清的向往和归附，展现了大清的魅力和向心力，具有重要的政治意义。

可是，对于皇太极来说，这两个女人其实是不能碰的，因为她们是“路边花”。今天我们总说“路边的野花不能采”，就是对那些有妻室的男人来说，不要对其他的女人有非分之想。皇太极就是这样，后妃成群，怎么能惦记“路边花”呢？这两枝花究竟是谁，为什么连皇帝都不能碰呢？

这两枝花是林丹汗的女人，所以不能碰！

林丹汗是蒙古察哈尔部的大汗，也是蒙古最后一任大汗。1604 年，13 岁时他继任汗位。为了征服蒙古，皇太极绞尽了脑汁，其中察哈尔部林丹汗最强势，是为劲敌，皇太极极为恼火，决定武力征服。天聪六年，皇太极第三次远征林丹汗，兵分三路穷追不舍。林丹汗不敌后金强大的攻势，于天聪八年初，率所部 4 万之众，逃奔青海大草滩。这年夏天，林丹汗在那里病逝。林丹汗病死后，他的部下逐渐土崩瓦解，他的那些福晋们开始寻找自己的出路。皇太极想抓住这一有利时机笼络蒙古。开始的时候，绝对是出于政治意图，因为，林丹汗的这些女人过来后，会带过来她家族的人，同时，还会对其他蒙古人有所影响，不然，他们要是投靠了后金的敌人，那就麻烦了。

就是在这种背景下，林丹汗的两枝路边花射来了丘比特之箭。

第一枝花。皇太极接受的第一个林丹汗的女人是巴特玛·璪。

巴特玛·璪，博尔济吉特氏。《清史稿》记载她归顺皇太极很简单：“奉窦土门福晋来归。”这个巴特玛·璪在林丹汗死后，率先于天聪八年八月投归皇太极。她真是太聪明了，采取先入为主的策略，来到了后金。因为这是第一个投奔者，皇太极高瞻远瞩，考虑到她的政治影响，于是，便做了周密的部署。

第一，准备礼品。对于蒙古人来讲，最好的礼物是马匹。这个马背上的民族，都喜欢宝马良驹。于是，皇太极为之准备了宝马4匹，并准备了豪华的御用马鞍子。第二，行抱见礼。抱见礼是满族早期社会生活中，一种亲朋好友久别重逢、贵宾来临时，使用的一种礼俗。据《满洲实录》，“满洲俗，凡别久相见，必互抱以示亲爱。”很显然，皇太极把巴特玛·璪当成了最亲密的亲人，与之行抱见礼，并给予隆重接待。第三，为其接风。皇太极杀牛宰羊，设大宴为其接风。巴特玛·璪出席了宴会，坐在尊贵的左侧帐幄内，吃着美酒，观赏着精心准备的节目，《清初内国史院满文档案译编》记载的节目是“较射和角抵”。

当然，我们并不否定，巴特玛·璪是一个漂亮的妇人，也不否定她的美貌对皇太极的吸引，这才是他娶巴特玛·璪最基本的动机和目的；不然皇太极何以垂涎欲滴，又不好意思呢，《清太宗实录》中记录了皇太极的心理：“深念久之。”而且，为之准备了上述隆重的迎接仪式。但是，这还不够，因为巴特玛·璪毕竟是别人的老婆，皇太极要想娶她，还是有所顾忌。

于是，他授意编了一个故事。故事说，早在巴特玛·璪来归的两个月前，突然有一只漂亮的雌雉飞来，在天空中盘旋了一会儿，就直接飞入了皇太极的大帐之中。皇太极还抽到了一个吉祥的签，上面这样写道：“汗必遇贤美福晋。”于是，早有人看透了皇太极的心事，大家“劝”皇太极赶紧纳娶巴特玛·璪。但是，皇太极很虚伪，他虽然很喜欢这位美人，但又担心别人会笑话他好色，便假装推辞说：“还是让给那些家庭不和的贝勒吧。”大家劝得更起劲了，纷纷说：“这是天意，天意是不可违抗的。”皇太极这才“答应”了大家的请求。巴特玛·璪顺利入宫。崇德元年，皇太极大封后宫，册封巴特玛·璪为衍庆宫淑妃。“淑，善也。”（《尔雅》）字面解释，当然是一位又美又好的妃子了。顺治九年加封号“康惠”，称“康惠淑妃”。很可惜，康惠淑妃一生没有生育，这也是皇太极感到非常遗憾的事情。于是，万般无奈的淑妃便抚养了一位蒙古女儿，借以排遣心中的寂寞。公主长大后，皇太极命睿亲王多尔衮娶了她。

第二枝花，是一枝快凋零之花，即一个老女人，这就是林丹汗的第二个女人娜木钟。

皇太极对于娜木钟的接纳，则纯粹是政治的原因了。娜木钟来得较晚，在巴特玛・璪归顺的第二年，即天聪九年五月，才率领1500户部众来归，与多尔衮的大军相遇。娜木钟是察哈尔林丹汗的第一大妃，号多罗大福晋，史称囊囊太后，是林丹汗的正室大福晋，八大福晋之首。“囊囊”这两个字的含义是“娘娘”的意思。

实际上，这次娜木钟的影响要远远大于巴特玛・璪，有两个原因：首先她是林丹汗的大福晋。她是林丹汗的八大福晋之首，是正宫娘娘。她的影响力肯定很大的。其次她带着大批部众，有1500户的部众，跟随其后，浩浩荡荡，民族影响力是空前的。

皇太极非常重视。便召集王公大臣讨论，目的是要大家推荐，谁来接收娜木钟。由于之前皇太极已经接收了巴特玛・璪，这次就要让别人来接收，不然，会被人说是好色。所以，经过大家一致推荐，要求大贝勒代善接收娜木钟。本来，娜木钟是有把握的，因为比自己地位低下的巴特玛・璪就得到了皇太极的热烈欢迎，被纳为妃子。凭借自己第一大福晋的地位，也一定没问题。

可是，娜木钟太自信了，她居然遭到了代善的拒绝，因为她没想到自己存在着明显的不足：一是年龄大。娜木钟作为林丹汗的大福晋，一般来讲，在汗宫里面，她应该是入宫较早，年龄较大。这样的话，她应该是那种年老色衰的女人了。二是财产少。资料记载，她带着1500户部众投奔后金，却没有多少财产。代善拒绝她的理由也正是这个，《清初内国史院满文档案译编》这样记载：“该福晋无财畜，故不娶。”代善嫌弃她太穷了，从这个问题上，也反映出代善的眼光很短浅。消息传来，娜木钟尴尬万分，她被无情地晾在了盛京城外。怎么办呢?

大家继续讨论，总不能就这样把娜木钟拒于千里之外吧。皇太极陷入了沉思，这时王公大臣纷纷上奏："此福晋乃察哈尔汗多罗大福晋，汗宜纳之，不可嫁于他人。"皇太极接纳娜木钟还是有一些心理障碍的。他肯定考虑，进宫之后，我们之间有感情吗？只要是男人都会考虑这个问题，何况贵为天子的皇太极呢?

最终，还是皇太极接纳了娜木钟。皇太极深谋远虑，他看到这不仅仅是娜木钟个人的问题，她涉及察哈尔部落，万一受此影响，他们投奔了明朝或其他敌对势力，与后金为敌，那就坏了大事。于是，皇太极决定接纳她，把她安置在后宫之中。娜木钟一颗悬着的心这才落了地。崇德元年（1636年），封麟趾宫贵妃。毫无疑问，皇太极和她毫无感情可言。但是，娜木钟却收获颇丰：

第一，给予显号。娜木钟进宫后，在崇德元年被封"麟趾宫贵妃"，位居中宫皇后之下，成为第三号人物。终于苦尽甘来。皇太极病逝后，顺治帝即位，娜木钟被封为懿靖大贵妃。第二，善待娘家人。崇德四年，贵妃的父母来盛京看望女儿女婿。贵妃率亲王贝勒前往迎接，皇太极"迎之于演武场"，并在清宁宫设宴隆重款待岳父岳母，还给予厚赏。第三，有两次生育。娜木钟入宫后，居然老树开花，虽然不被皇太极所喜爱，但皇太极还是和她共同生育了两个孩子。这恐怕是娜木钟最大的安慰了。从这一点来讲，娜木钟并不简单，一定是个很有心机的女人，不然，一个多次被人抛弃的女人，怎么会和皇太极生育两个孩子呢?

娜木钟所生的两个孩子是一对儿女，皇十一子博穆博果尔和皇十一女。博穆博果尔在宫中长大，得到了最高的爵位，《清史稿》记载："顺治十二年，封襄亲王。"而皇十一女，被封为只有皇后之女才可以得到的封号，即固伦公主。而且，在顺治四年下嫁蒙古，圆了娜木钟的梦。娜木钟也应该知足了，自己的一对儿女，一个亲王，一个固伦公主，算是享受到了最高的荣华富贵。

可是，这个女人终究是孤独的命运：两任丈夫林丹汗和皇太极都死在了自己的前面，当然，这不是她的错。可是，她所生的一对儿女也在她生前去世。所生固伦公主死于顺治七年，年仅 15 岁；博穆博果尔亲王死于顺治十三年，还不满 15 周岁。而在两个孩子去世后，她又活了 18 年，这 18 年应该是她最孤独的岁月。

可以这样说，皇太极借助这些女人花壮大了自己的实力，也赢得了很高的政治声誉，他成功了，要感谢那些如花的女人们，所以，他珍爱他的女人。可是，资料显示，皇太极对女人的态度还包含着鲜为人知的另一面，究竟会是什么呢？

败也女人

资料显示，皇太极成功的宝座上流淌着女人的鲜血；皇太极权柄在握的双手上，沾满了女人的鲜血；还有资料显示，皇太极并不爱惜自己的女人，甚至会弃如敝屣。所以有人说，皇太极的成功源于女人花，他的“失败”也同样源于女人花，因为他对上述女人的这种态度而备受后人诟骂。

折断两枝花

皇太极成功登顶大清皇位，成为一代煊赫帝王，有着鲜为人知的另一面。有资料显示，皇太极的宝座之上流淌着一个女人的鲜血；还有资料显示，皇太极的双手上沾满了另一个女人的鲜血。这两个女人究竟是谁呢？皇太极为什么要杀掉她们呢？

被皇太极杀掉的这两个女人，恰恰和皇太极关系极为密切，一个是他的母亲，另一个则是他的姐姐。

先看看皇太极的母亲，这个女人就是努尔哈赤的大妃阿巴亥。阿巴亥，乌拉那拉氏，乌拉部满泰贝勒女，努尔哈赤第四任大妃，皇太极生母孟古姐姐去世后被立为大妃，为努尔哈赤生下三子，即第十二子英亲王阿济格、第十四子睿亲王多尔衮、第十五子豫亲王多铎；皇太极继母。

对于这个继母，皇太极本没有什么矛盾。可是，一切都源于天命十一年，这一年发生了太大的变故，使得皇太极对继母迅速产生“激情犯罪”的欲望。

天命十一年（1626 年）八月初七，努尔哈赤病重，急召年轻貌美的阿巴亥前往接驾。这样，大妃怀着极其复杂的心情，见到了努尔哈赤。他们在一起共待了 5 天的时间，努尔哈赤于八月十一日去世。就是这 5 天的时间，彻底改变了大妃阿巴亥的命运。因为，在努尔哈赤临终之际，大妃阿巴亥是唯一一位陪伴在身边的人，她知道努尔哈赤临死前说了什么。大家都十分关心，努尔哈赤在临终之际，和大妃说了些什么？是否提到继承人的问题？这些实在是太敏感了。

尤其是，努尔哈赤临终之际，急召大妃前来，一定是要交代后事。而最关键的，努尔哈赤很有可能交代由谁来继承汗位。努尔哈赤和大妃谈话，大妃又有三个得宠的儿子，那么，汗位继承人极有可能从大妃所生的阿济格、多尔衮和多铎之间产生。这三个儿子，阿济格 22 岁，多尔衮 15 岁，多铎 13 岁。阿济格年龄虽长，作战勇敢，但有勇无谋。多铎年龄尚小，没有希望，就只有多尔衮最有希望了。天命五年，多尔衮以八龄幼童跻身于参与国政的和硕额真行列，就可看出父汗对其寄予厚望。这就是皇太极最担心的事情，他太渴望这个汗位了，怎么能假手于人呢？所以，努尔哈赤去世后，皇太极必然设计除掉大妃阿巴亥，以绝后患。不然，阿巴亥依靠努尔哈赤“遗嘱”，拥子即位，皇太极就没有机会了。

什么办法能够除掉大妃呢？只有一个办法，那就是迫其殉葬。可是，大妃殉葬，必须要有努尔哈赤的遗嘱才可以。因为大妃身份高，又生育了三个皇子，皇子多铎的年龄又很小，需要母亲照顾，她是绝对不具备殉葬条件的。

皇太极绞尽脑汁，纠集代善等众贝勒，逼迫大妃殉葬。但是，大妃岂能甘心？她不想就此死去，资料记载她“支吾不从”，皇太极等便打着努尔哈赤的旗号，逼迫她道：“先帝有命，虽欲不从，不可得也。”说是努尔哈赤的临终遗命，阿巴亥怎么能够相信，自己一直陪在身边，老汗王从没说过要她殉葬的话。所以她认识到这是一个阴谋，便坚决抵制。

怎奈皇太极早有预谋，联络了代善等人，诸王共同逼迫，可怜的阿巴亥走投无路，只好交代后事，请求皇太极善待自己的三个儿子。然后，她眼含热泪，穿上华丽的衣服，投缳自尽身亡，时年仅37岁。皇太极除掉了继母，也就除掉了心腹大患，顺利登顶汗位。

皇太极除掉的另一个女人，也是他的姐姐，就是前文所述的莽古济格格。莽古济格格因为哥哥莽古尔泰的关系，与弟弟皇太极结下了梁子。使莽古济倒霉的是她的奴才冷僧机，这个势利小人出卖了主子，告发她参与“谋反”。

这样的罪名要怎样处置？可有多种办法，因为是家人，皇太极可以给她一条活路，圈进高墙，永世不再有自由，算是最严厉的处罚了。再者，因为她是女人，自己的姐姐，更有理由高抬贵手，饶她一命，不必重处。况且，早年努尔哈赤曾经率领他的子侄对天盟誓，不许骨肉相残；即使犯有大错，只要求老天来处置就好了，骨肉之间绝不允许相残。

皇太极忘记了努尔哈赤的叮嘱，他杀了姐姐莽古济，有人说采用了最残忍的“磔刑”，也就是千刀万剐。真是那样的话，怎么下得了手呢？有资料记载，还有一千多人受到株连而被杀害，盛京城内一片恐怖。

所以，皇太极的宝座上、双手上都流淌着女人的鲜血。

休掉一枝花

我们今天经常会问一个问题："家庭和事业，哪个更重要？"这是对于一个男人的提问。皇太极就遇到了这样的问题。他爱他的女人，可是，当这个女人妨碍了他的政治前途时，他会怎么办呢？

皇太极作为一个政治家，把前途看得比什么都重要。就连他的女人，也要受到政治斗争的牵连。他在即位之前，就有一个妃子，成为皇太极政治角逐的牺牲品。

继妃乌拉那拉氏，这个女人进宫很早，而且，她也很得皇太极的宠幸。所以，那拉氏才有了很好的生育。那拉氏生育了三个孩子，其中两个儿子，《清列朝后妃传稿》记载："生皇长子豪格、皇二子洛格。"也就是说，皇太极的前两个孩子是那拉氏所生，生豪格的时候，皇太极年仅17岁，是他第一次做父亲。而皇太极的皇长女固伦公主也是那拉氏所生，这一年是天命六年。

但是，那拉氏有一个致命的弱点，那就是傲慢无礼。那拉氏仰仗自己入宫较早，又接连生育得宠，便在宫中颐指气使。这让皇太极的其他妃嫔很讨厌，最主要的是，努尔哈赤也感受到了那拉氏的傲慢无礼，其间发生了一件改变那拉氏命运的事件。

天命七年，在一个寒冷的冬日，那拉氏坐着狗拉的拖床，悠闲地回去拜见公公努尔哈赤。但是，也许是天气太冷了，也许是她觉得自己生了那么多孩子，有功于婆家，便一路坐着拖床，经过代善门前不下拖床，经过阿济格门前不下拖床，她甚至一直坐着拖床，进了努尔哈赤的汗王宫。努尔哈赤大吃一惊，这是谁啊？怒斥她有"轻慢之恶行"，进而遭到努尔哈赤的严厉申斥。

皇太极要怎么办啊，这件事来得太突然了。他不知所措，但是，他要

采取果断措施。因为目前，正是他与代善争夺汗位继承人的关键时刻，绝对不能因为一个女人，因为区区儿女情长而断送了自己的前途和事业。于是，皇太极做出了连自己都不敢相信的决定：休弃继妃乌拉那拉氏。那拉氏太委屈了，因为：第一，地位尊贵。她嫁给皇太极后，处在第一把交椅的位置，因为这时哲哲嫁进不久，还没有生育，地位逊色于那拉氏。第二，有功于皇太极。两个儿子和一个格格，都是皇太极最早的孩子。他初次尝到了做父亲的滋味，这是那拉氏的功劳。尤其是豪格，那是这个女人的资本，也是皇太极的希望所在。无数次的战争考验，证明豪格是非常优秀的。第三，并无大错。仅仅是傲慢无礼这点儿小错，是可以原谅的，经过教育也是可以改正的。

但是，皇太极在这个问题上的表现完全出于政治上的考量，关键不是你怎么样，错误大小这都不重要，重要的是父汗已经很讨厌你了。我如果不采取果断措施，那父汗就会不满意，那我还有什么希望吗？就是出于这种考虑，皇太极毅然决然休掉了继妃乌拉那拉氏。他的这种做法，果然得到了父汗的极大赞许，认为皇太极做得很好，很到位，就应该这样。

就这样，皇太极休掉了这个女人，让她孤零零回到娘家，所生的孩子是不允许被带走的。可是，没有母亲的呵护，豪格等倍感孤独，他们一下子变成了单亲家庭。

蹂躏两枝花

对于自己的女人，皇太极做过非常过分的事。一般人很难想象，作为一位帝王，这么会对待自己的女人，不仅无情，而且无义，甚至让人感觉这都不是一个正常人能够干得出来的事。那就是他曾经逼迫自己的女人改嫁他人。

在皇太极的后宫之中，出现过两次后妃改嫁现象。细细分析，虽很蹊跷，但也有政治因素的成分在里面。

一位是叶赫那拉氏。这个女人在嫁给皇太极之前曾有过婚嫁，她的丈夫是正黄旗包衣喀尔喀玛，夫妻俩生有两个儿子。天命四年，喀尔喀玛在战斗中被努尔哈赤俘获，努尔哈赤处死了他，至于他的老婆，《满文老档》记载：“太祖皇帝让乌努春之母进了太宗皇帝的院子。”可以看出，叶赫那拉氏是作为战利品，被努尔哈赤赏赐给了皇太极，皇太极虽然不喜欢，但这是父汗的赏赐，那是一定要高高兴兴接受的。这是叶赫那拉氏的第一次改嫁。10年后，那拉氏为皇太极生下了五子硕塞。历史发展证明，硕塞非常优秀，屡立战功，后来被封为亲王，是清初八大铁帽子王之一。可是，这一切，那拉氏都没能看到。不久，她的命运发生了戏剧性的变化。那就是，必须改嫁他人。她又一次被皇太极赏给了别人。

果然，皇太极即位后，他有权力处理这个他并不喜欢的女人，他要这个女人出宫改嫁。但是，皇太极出于政治因素的考虑，不能叫她随便嫁人，不然，皇宫的秘密不就大白于天下了吗？于是，那拉氏被指定的对象是皇太极的内大臣占·土谢图。要知道，内大臣是自己的身边人，把叶赫那拉氏赏赐给他，占·土谢图定会感激不尽的，这是一种多么高规格的赏赐啊。但是，那拉氏很不幸，占·土谢图不久在跟随皇太极行围打猎时，被老虎咬伤身亡。孤苦无依的那拉氏被迫再次改嫁。这次改嫁，应该是自愿的，她为了生存，是要改嫁找个男人作为依靠的。她的第四任丈夫是达尔琥。达尔琥曾任镶黄旗轻车都尉，那拉氏后来在他家中去世。

这个可怜的叶赫那拉氏，四度适人，尝尽了心酸。

另一位是博尔济吉特氏。博尔济吉特氏是扎鲁特蒙古贝勒代青之女，她长相漂亮，又很贤良，故而远近闻名。天聪六年二月，这个消息居然传

到了皇太极耳中。皇太极此时正好缺东宫福晋，于是，他给代青下旨："我召来观之，中则留于宫内，不中则遣之还。"（《满文老档》）博尔济吉特氏奉命来到盛京城外，皇太极亲临相看。两人见面之时，皇太极被博尔济吉特氏的美貌所吸引，立即迎入皇宫，册为"东宫福晋"。

这个东宫福晋入宫后，一度很是得宠，连续的生育最能说明问题了。天聪七年，东宫福晋生下皇六女，天聪九年，生下皇九女。她实际上是这一时期皇太极后宫中生育子女最多的后妃，可见是很得宠的。但是，就在东宫福晋尽享天人之乐时，形势却急转直下，突如其来的谕旨，把正在坐月子的东宫福晋打蒙了。

正是东宫福晋生下皇九女第 11 天，十月初七，已经是寒冷的冬天。窗外刮着瑟瑟的北风，她虚弱的身体还没有恢复，她要躺在床上，静养身体。可是，她却不得不爬起来接旨："不遂汗意，改适叶赫部德勒格尔台吉之子南褚。"（《天聪九年档》）这简直是晴天霹雳，东宫福晋甚至不敢相信自己的耳朵。

我们也是不敢相信，太不合常理。首先，不近人情。丈夫在老婆坐月子的时候，不来安慰产妇，却反而找借口，要在月子里被轰出宫去，这让人难以理解。其次，事发突然。皇太极做出有违人伦的事情，却不给解释，只说"不遂汗意"是远远不够的。最后，必须改嫁。这无疑是雪上加霜。一般来讲，女子被夫君休弃，女子可以回到娘家，这是她们的权利。回到娘家，平复她们受伤的心灵，那是最好的归宿。可是，东宫福晋却没有这个权利，反而被像物品一样，随便赏给了别人。

大家可能要问，南褚是什么人？皇太极为什么要把福晋赏给他？我们查阅了《八旗满洲氏族通谱》发现，南褚姓叶赫那拉氏，皇太极的姥姥家人，是皇太极的表侄，官至巴牙喇纛章京，相当于护军统领，正二品武官。南褚在招降林丹汗旧部时，立有功劳，皇太极大赏功臣时，南褚位列其中。皇太极为了表彰南褚的功绩，特将自己这位正在坐月子的东宫福晋赏给了他，使自己的老婆变成了侄媳妇。

所以，从这两个苦命的女人改嫁我们看出，皇太极出于多种考虑，有可能是感情的因素，比如不太喜欢；但是，肯定有政治的因素在里面。不管怎样，两个女人被皇太极无情地蹂躏，呼来唤去，毫不珍惜。

一枝毒花

俗话说“艳花有毒”，虽然不太准确，却也有一定道理。在皇太极的后宫之中，就有一枝艳花，她娇艳无比，深深吸引了皇太极，使他爱得死去活来，最终导致“中毒身亡”。

香水有毒

皇太极对女人的态度，似乎是无情无义。大家可能要问，皇太极就没有真正的感情吗？可以这样说，皇太极很有感情，他也很重感情。为了感情，他甚至会不惜代价。皇太极的后宫之中，就有一个他最爱的女人，他为这个女人倾注了太多的感情，终生都不能释怀。她就是皇太极的关雎宫宸妃——海兰珠。

实践证明，海兰珠对于皇太极来说，就是一枝毒玫瑰，一瓶有毒的香水，使他命殒黄泉。

海兰珠，博尔济吉特氏，科尔沁贝勒寨桑女。26 岁才进宫，是寨桑儿子吴克善送进宫的。专家推断，海兰珠一定有过婚嫁。清代女子出嫁，是有年龄要求的，而且很严格，因为这些规定是以皇帝谕旨的形式发布的，老百姓自己没有选择的权利。皇太极就曾经下谕旨：“凡女子十二岁以上者许嫁，未及十二岁而嫁者，罪之。”这是一个刚性规定，是不可以违反的。但是，女子出嫁的上线却没有规定。即使如此，在人们的心里也还是有一个标准的，《养吉斋丛录》记载：“自十四至十六岁为合例，十七岁以上谓之逾岁。”这就明确了，女子只要超过 17 岁，那就是大龄了，就属于老姑娘了。所以，没有特殊情况，海兰珠怎么可能要等到 26 岁才出嫁呢？实际上，海兰珠嫁人之后，又回到娘家，待嫁闺中。

事也凑巧，这个时候，海兰珠的姑姑哲哲正在发愁，自己和侄女庄妃都不能生出儿子，将来博尔济吉特氏家族的利益就没有保证了。怎么办呢？海兰珠适时进入了她的视线。何不把这个侄女再嫁给皇太极呢？如果将来能够生出皇子来，岂不是两全其美之事！但是，哲哲也有担忧，海兰珠毕竟是再婚之女，万一皇太极不喜欢，那可就悔之晚矣。结果，让她意想不到的事情发生了。

海兰珠改嫁给皇太极之后，让已经 42 岁的皇太极眼睛一亮，他觉得这才是自己想要的女人，这才是自己的菜。于是，海兰珠宠冠后宫。皇太极对这位改嫁的女子表现出痴情甚至痴迷，与之前他对改嫁女子的态度简直判若两人。

一是手足无措。皇太极对海兰珠一见钟情，太喜欢了，他有些不知所措，大肆赏赐她的哥哥吴克善，金银珠宝自然不在话下；吴克善走的时候，还要出城十里相送，这让吴克善都感觉到莫名其妙。

二是破格赐封号。海兰珠位居东宫之主，成为后宫的二号人物，位在早自己九年进宫的妹妹庄妃之上，仅次于皇后。所居住的宫殿赐名为关雎

宫，意义深远。它是以《诗经·国风·周南》中的首篇《关雎》为根据，命名为关雎宫，其中有甜蜜爱情的寓意在里面。而海兰珠的宫中封号叫作“宸妃”，其中，“宸”字是帝王的宫殿。皇太极这些颇具深意的安排，奠定了海兰珠在宫中的地位。

三是破格定“皇嗣”。崇德二年七月，宸妃生下皇八子，很凑巧，这个孩子和皇太极一样，都排行第八，因而让皇太极欣喜若狂，宣布：“关雎宫宸妃诞育皇嗣”，“皇嗣”这个称谓，就被人们认为是继承人。皇太极做了许多逾制的事情：

1. 颁诏大赦。宸妃之子诞生，皇太极特颁“大赦令”，这是前所未有的事情。

2. 鼓励各地上表。皇太极鼓励地方上表文。各地风闻，纷纷上表，以示庆贺。

3. 鼓励朝鲜国上表。皇太极甚至鼓励朝鲜上表庆贺，朝鲜国于是上表：“上皇太子笺文，并献皇太子礼物。”(《清初内国史院满文档案译编》）在表文中，公然称为“皇太子”。

如此种种，皇太极想通过上述做法，将宸妃襁褓里的婴儿皇储地位合法化，这无疑是为了讨好和感动宸妃。

皇太极对宸妃的这种宠爱，让哲哲大感意外；也让宫里宫外的人意识到了一个敏感的问题，皇太极中毒了，而且中的是海兰珠的香水毒药。人们有一种不祥的预感，皇太极中毒如此之深，他能渡过这个美人关吗？

死在蕊中

谁都没有想到，在皇太极、海兰珠和他们的皇八子之间，意外地产生了“多米诺骨牌”现象，先是皇八子死了，接着海兰珠死了，再接着就是皇太极死了。

先说皇八子之死。皇太极心目中，皇八子确实太可爱了，由于他的母亲是海兰珠，爱屋及乌，这是根本原因；还有一个原因，皇太极觉得这个孩子的排行和自己一样，都是第八，莫不是上天冥冥之中的一种安排？于是，对他倍加宠爱，刚刚出生，就破例立为皇储，准备接班。然而，这孩子不遂人意，仅活了 7 个月就过世了，这让满怀希望的宸妃悲痛欲绝。

接下来是宸妃之死。宸妃之子殇逝后，宸妃和皇太极双双陷入悲痛之中。尤其是宸妃，自己一生的荣辱系于一身，孩子的病逝，等于结束了自身的性命。宸妃为此而不能自拔，于丧子后的三年零八个月的崇德六年九月病逝，年仅 33 岁。

宸妃的死，对于皇太极来说，简直就是晴天霹雳，天都要塌下来了。他表现得极不理智：

1. 哭昏过去。崇德六年九月，正在前线指挥对明军作战的皇太极，接到宸妃病重的消息，他居然匆忙返回盛京。大家知道，皇太极历来都是以国事为重的人，此时的松锦对决，正是一场关键的战争。而皇太极却不肯耽搁一点儿时间，海兰珠的重要可想而知。他从前线急速返回，日夜兼程，可是，还是没能看到宸妃最后一眼。十七日五鼓，圣驾刚抵达盛京城外，就传来宸妃病逝的消息，皇太极“恸甚，昏迷伏地”。都哭得昏死过去了，那是一种什么样的感情呢？不仅如此，皇太极几天不吃不喝，终于出了大事，《清列朝后妃传稿》记载：“是日午时，忽昏迷，言语无序。”把那些王公大臣和妃嫔们吓得不知所措。

2. 特殊谥号。一般来讲，清朝的后妃，只有皇后去世，才隆重上谥号，那些妃嫔去世，简单地使用生前封号也就可以了。可是，宸妃去世后，皇太极一面隆重治丧，一面破例为死去的宸妃盖棺论定，就是上谥号。皇太极率领王公百官、后妃命妇、外藩诸王、朝鲜使节，朝着宸妃神位隆重行礼，《清太宗实录》记载："上跪，奠酒三次"，并颁下谥号为"敏惠恭和元妃"。这个谥号，成为清朝所有妃嫔最特殊的封号。一是字数最多，清制，妃子谥号一般用生前名号，没有另外加封的。二是称为"元妃"，她明显不是元妃，她的入宫时间最晚，却称为元妃，皇太极真是失态了。

3. 错定为国丧，兴案狱。清代，一般只有帝后的丧礼，才可称为国丧，全国举哀，丧期内，不许剃头，不许娱乐。可是，皇太极却向全国宣布，宸妃丧期为国丧，谁敢违制就惩罚谁。资料《清列朝后妃传稿》记载："札哈纳值国丧歌舞作乐。"为此，皇太极处置了一大批人，其中就有位高权重的郡王阿济格："阿济格值国丧期歌舞作乐，在伊帐内复弦歌为戏，拟阿济格夫妇俱幽禁。"为了这点儿小事，居然把阿济格给关了起来。

4. 不能释怀。对于宸妃的死，皇太极一直牵挂于心，至死都无法释怀，甚至会把这种情绪带进工作之中。松锦大捷后，洪承畴、祖大寿等一大批明朝将领投降清朝，皇太极亲自到崇政殿召见洪承畴等人，但是，却没有参加宴会而闷闷不乐地回到宫里去了。为了解除洪承畴等人的顾虑，便派人特意向他解释，说："朕今日未服视朝衣冠，又不躬亲视宴，非有所慢于尔等也。盖因关雎宫敏慧恭和元妃之丧，未过期故耳。"

再接下来是皇太极之死。

就在宸妃病逝后两年，皇太极"无疾崩"(《清史稿·太宗本纪》)，终年仅仅 52 岁。资料说他是坐着去世的，在清宁宫东暖阁的火炕上坐着就死了。大家都很奇怪，人怎么可能没病就死了呢？专家考证，皇太极的突就在宸妃病逝后两年，皇太极无疾崩。终年仅仅52岁。

李寅语录

遍查清宫历史，有一个女人很特殊，她身为当朝皇帝皇太极的姐姐，却备受欺凌，最终的结局令人汗颜，有说被『凌迟处死』。这在清宫几百年的历史中，绝无仅有。这个女人就是大名鼎鼎的哈达公主莽古济格格。

然死亡与宸妃之死大有关联，极有可能是他不能走出宸妃病逝的阴影，三年之丧未过，就追随香魂而去了，这很像梁山伯与祝英台故事的翻版。

所以，有人说，皇太极死在了海兰珠的肚皮之上；也有人说，皇太极死在海兰珠这朵娇艳鲜花的花蕊之中。

第六章 向皇太极借智慧

我们说皇太极是“智慧之王”，也就是最有智慧的人，已经有大量史料佐证，毫无异议。那么，我们生活在当今社会，有压力，有竞争；有坦途，更有逆境，应该如何学习皇太极永不言败的精神，超乎常人的谋略呢？试着向他借一借智慧吧。

皇太极的成功，并非偶然，他善于用脑，这很关键。要说我们每个人都有大脑，但是，用脑子真正思考，每个人就不一样了。皇太极是真用大脑思考问题，每件事都展开头脑风暴。在思考的过程中，他努力找到最佳的路径，效果当然最好，距离成功也就近在咫尺了。

自信自强

人往往会因为自身不足或缺陷而产生自卑心理，这很可怕，是成功道路上的绊脚石，一定要搬开它。

这样说来，皇太极有先天性的缺陷吗？有的，而且还很厉害呢。

首先，他是一个大胖子。我们看他的画像就很直观了，皇太极是一个典型的大胖子，我估计他的体重在 200 斤以上，这可能与他的饮食习惯有关。还有一个证据，就是昭陵的石马，有大白和小白，大白日行百里，小白日行五十里。有人说这对石马为皇太极立下了汗马功劳，因为皇太极是个大胖子，驮着他奔跑在战场上，那是很费力气的。

其次是五官。皇太极的颜值实在不高，看他的画像，吊眼角，一副阴沉的面孔；还有就是大红脸。《清史稿·太宗本纪》记载皇太极面相："颜如渥丹，严寒不栗。"其实说白了，皇太极就是一个大红脸的白胖子。东北天寒地冻的时候，温度很低，他也不怕冷，就是因为他红红的脸，像火烧的一样，那能怕冷吗？

最后是排行。皇太极排行靠后，为皇八子。他之前的哥哥有很多，都很成才：

大哥褚英，被封广略贝勒，努尔哈赤曾经一度确立他为接班人；二哥代善，战功煊赫，人缘还挺好，是大家公认的接班人人选；三哥阿拜，庶妃所出，但是身体健壮；四哥汤古岱，虽德行一般，但母家为钮祜禄氏，可为奥援；五哥莽古尔泰，大妃富察氏所生，骁勇善战，野心勃勃；六哥塔拜，与四哥汤古岱同母生，可互为奥援；七哥阿巴泰，性格豪爽粗莽，作战勇敢。

皇太极作为第八子，排行很一般，他的这些哥哥都非常优秀，所以，四大贝勒中，皇太极排行第四，代善、莽古尔泰在他的前面。不仅如此，皇太极下面的弟弟们，也有非常优秀的人选，比如，十二弟英亲王阿济格、十四弟睿亲王多尔衮、十五弟豫亲王多铎，均为当红大妃阿巴亥所生，聪明伶俐，努尔哈赤非常宠爱，尤其对多尔衮有厚望焉。

更令人糟心的是，皇太极早年丧母。档案记载，皇太极生母孟古姐姐29岁就抑郁身亡，当时皇太极年仅12岁。这样小的年纪，就成了单亲孩子；父亲又常年征战在外，皇太极的处境可想而知。

即使如此，皇太极也没有气馁，他自强自立，丝毫没产生自卑心理。相反，他积极上进，在逆境中迅速成长起来，使自己变得非常强大。比如，他与父汗出征，拼命疆场；比如他策划“代善与大妃桃色事件”；策划“大妃阿巴亥殉葬事件”；等等，都是他不甘示弱，努力自强的例证。最终，通过努力，他即位称汗，成为一位杰出的封建帝王。

“底线”

皇太极做事情，在大小场合，强调了一个“底线”，究竟是什么呢？皇太极说是百姓，他认为百姓的疾苦最关键，是他最关注关心的底线。这就很难得了，一个封建帝王，心目中有自己的“底线”，确实令人刮目相看。

当年，唐太宗李世民之所以事业做大做强，就是明白“水能载舟，亦能覆舟”的道理。皇太极博览群书，也了解到这个大道理，尤其是他做了帝王之后，对此感触更深，也就格外关注。

首先，他深入民间，访疾问苦。他虽贵为天子，但绝不高高在上。皇太极经常“微服私访”，深入民间，他告诫王公大臣也要这样。他说：“只有到百姓中间去，你才能发现他们的痛苦是什么，才有发言权，处理问题才有针对性。”皇太极最担心的就是不深入下去，老百姓的冤情不能上达，上下之间渠道不畅。

其次，皇太极下令不得损害百姓一针一线。他曾经制定严苛的法令和纪律，严禁八旗兵损害百姓的利益。实际上，八旗兵损害老百姓利益的事时有发生，比如他们的马匹偷吃老百姓的庄稼；他们放海东青的时候，践踏百姓的庄稼，等等，很多这样的事情，老百姓虽然憎恨，但是敢怒不敢言。皇太极在调查中发现了这一问题，决定加以治理，下旨严禁官兵再行践踏百姓庄稼，并重处违纪官兵；皇太极还要求把这些事例定期上报。可是，过了一段时间，就没人上报了，皇太极很纳闷儿，问道：“难道没有类似事件发生了吗？如果有，为什么不上报处理结果呢？”他紧追不舍，毫不放松。

最后，皇太极要求事事考虑群众利益。他认识到，群众利益无小事，老百姓生活很不容易，国家不管到什么时候，都要照顾到百姓的利益。比如，天聪九年，政府修路，皇太极亲眼看到，无论地面高低，都要统统垫高，大批民工在此服劳役。皇太极大发雷霆，他说：“所谓修路，就是把低洼不平的地方垫平就行了，你们工部却一律垫高，浪费不说，还使百姓受苦！”惩罚了大批工部官员。再比如，崇德八年秋季，政府建房，征集大批民工服劳役。可是，这正是秋收的关键时节，错过了，庄稼就无法收获，百姓就要遭受损失。皇太极了解这一情况后，下令停止建房，让民工先回去秋收，等秋收结束再行建房。

那么，如何使百姓摆脱贫困呢？皇太极从两个方面入手：

一是轻徭薄赋。这是减轻人民负担最基本的办法，古代英明的帝王经常使用这个办法赢得百姓的拥护。比如，崇德四年十二月，皇太极下令理藩院，不得再行进贡珍贵动物，那样的东西不仅珍稀，还劳民伤财，就不要进贡了。他要求，只进贡那些普通的野猪、野兔就可以了。

二是“共同富裕”。听起来不可思议，皇太极竟然还有这个思想。实际上，皇太极的“共同富裕”思想就是救济贫民，使他们摆脱贫困。

他要求百姓要以农桑为本，只有人人学会种植农桑，农民才有吃的和穿的；同时，他告诫八旗百姓，不要指望战争掠夺来脱贫致富，最基本的是要学会农桑种植，这才是脱贫之根本所在。

他还主张精准扶贫。皇太极首先要求富人扶贫，要那些王公贵族出钱出力，精准扶贫。扶贫对象是那些无地无粮的、无牛不能耕种的，要大力扶持，不可袖手旁观，为富不仁。皇太极说得很具体，告诫富人们不仅要拿出自己的粮食平价出卖，还要无偿周济平民、饥民；告诫他们不可囤积居奇，坑害百姓。

接着，皇太极要求政府扶贫要大有作为。皇太极指出，对那些家贫之人要底数清楚，各级官僚要调查清，层层上报，然后给予救济。不仅要给予衣食住行方面的救济，还要为那些没有妻室的人娶老婆，好让他们安心生产和工作，社会才会更加稳定。不仅对于贫民如此，那些战争的俘虏也要救济，也要给他们配以妻室，不可歧视这些人。

戒“靡费”

满洲发源于白山黑水之间，从一开始就很艰苦。之后，他们的势力逐步壮大，从偏远走向城镇，从贫穷走进富裕。环境变了，地位也变了，大多数人难免向往奢靡生活。可是，皇太极始终保持清醒头脑，他强调满洲简朴的习俗不能丢，要力戒“奢靡”。皇太极先从自我做起，他不喜欢山珍海味，认为吃那些东西实在是太浪费，太劳民伤财了。所以，崇德四年，他专门下谕旨，不许各地进贡山珍海味。

皇太极不喜欢搞特殊化，更不喜欢占别人的便宜，来满足自己的奢侈之需。这里讲一个故事。崇德四年的一天，皇太极带领王公百官去打猎，兴致勃勃，收获颇丰。这个时候，王公大臣为了取悦皇太极，便想做点儿锦上添花的事，有两个大臣谭泰和阿哈尼堪便把自己射中的一只大狍子献给皇太极，说：“皇上，您的箭法真准，一箭就射中了这只狍子。”皇太极很纳闷儿，自己什么时候射中了这只狍子啊？明显是哄自己高兴的小把戏，便不予理睬他俩，谭泰和阿哈尼堪悻悻离开。

还有一次，皇太极的五哥莽古尔泰为了取悦他，便命令他的仆人：“去，弄两只野猪和梅花鹿来献给皇上。”仆人哪来的这东西呀，便狐假虎威地命令一个士兵去弄。这个士兵自认倒霉，深入深山密林中，废了好大劲才搞到手，交给了仆人，仆人交给了莽古尔泰，莽古尔泰献给皇太极。

皇太极一看，严肃地批评了莽古尔泰："做人要简朴，凡是干成大事的人，哪有这么做的呀，我们身为人主，不能为了自己享乐，就剥夺他人的劳动果实。"莽古尔泰碰了钉子，觉得很委屈。但他不甘心，总想表达一下自己的美意，便命令仆人把梅花鹿归还了士兵，却把野猪留下，觉得这个也不值钱，皇太极应该高高兴兴留下。谁知道，皇太极又给他上了一课："你可别以为野猪事小，小事累积起来就是大事；我们要懂得防微杜渐的道理。而且，我身为帝王，一向主张简朴，也不会占他人的便宜。"莽古尔泰没有办法，只好把野猪也还给了士兵。

皇太极不仅严格要求自己，对国人的奢靡之风也进行了限制。天聪二年正月，针对日益奢侈的丧葬之风，皇太极下谕："丧葬之礼原有定制，我国风俗，殉葬燔化之物，徒为靡费，甚属无益。"皇太极解释说，人死了就一了百了，知道什么呀，所以，以后为死者燔化衣物，必须从简不许奢靡无度。

然而，人们的攀比之风愈演愈烈，皇太极不得不再下谕旨。天聪八年二月，皇太极讲得很具体："自贝勒以下，牛录额真以上，凡有死丧者，许焚冬衣、春秋衣、夏衣各三袭。庶人许焚冬衣、夏衣、春秋衣各一袭。自贝勒至庶人，有不及此数者，听之；若原制有衣服者，仍照定数焚化；如旧衣不足，毋得新制充数。"皇太极明确规定，如果为了死人单做衣服焚化，被人告发，就要严厉处置。

经过皇太极的治理，上上下下都大行简朴之风，大清国的国运也蒸蒸日上。

皇太极最难能可贵的是他严格要求自己，无论什么事情，都不搞特殊化。皇太极知道“高处不胜寒”的道理，虽身处高位，更要谨言慎行，处处做出表率。

好好学习

人为什么要学习呢？皇太极知道，只有学习才能把前人的经验或教训为我所用，在实际工作和生活中，就会少走弯路，等于古人给你找到了捷径。皇太极最佩服的古代帝王——唐太宗李世民的一席话，给他留下了深刻的印象。李世民说：“以铜为鉴可以正衣冠，以古为鉴可以知兴替，以人为鉴可以明得失。”李世民的这些话，皇太极就是通过读书才知道的。所以，他认为学习很重要，一刻都不能耽搁。

不过，面对浩如烟海的史书和资料，从何入手呢？学习是讲究方法的，皇太极认为方法很重要。他是一个善于思考的人，一直在思考着学习的办法；不然，你纵有学习的热情，也无从下手。皇太极究竟是怎么学习的呢？他采用了三种学习方式，效果非常好。

一是读史书。很明显，他作为一个政治家，不读史书是不行的，以史为鉴就必须读史。这是他的一大爱好，史书就成了他须臾不能离开的伴侣。所以，对《史记》《资治通鉴》这些史书，他是很了解的。

但是，皇太极读史并非盲目地学，也不是为学习而学习，他是为了自己的事业，所以是有选择的。在各个王朝的历史资料中，皇太极最重视辽、金、元的历史，这是为什么呢？

因为这些王朝都是少数民族建立的政权。辽国是契丹族在916年建立的政权，金国是女真族在1115年建立的政权，元朝是蒙古族在1271年建立的政权。这些少数民族的优秀代表契丹族的耶律阿保机、女真族的完颜阿骨打、蒙古族的成吉思汗，等等，都是皇太极学习的榜样。他反复学习这些少数民族的历史，了解他们成功的历史，汲取了他们成功的经验，同时，对于那些亡国之君的惨痛教训他也了如指掌。

二是喜读名著。我国古代有很多文学名著，这些文学作品中皇太极最感兴趣的是《三国演义》《水浒传》，这两部书深深吸引了他。但是，他并非对其中的故事情节感兴趣，而是对其中的兵法应用感兴趣。比如《三国演义》中的周瑜，就是他佩服的人物之一，周瑜曾经使用“反间计”使奸诈的曹操中计，让皇太极羡慕不已。多年后，皇太极也效仿周瑜，施用“反间计”，使崇祯帝中计，杀掉了心腹大患袁崇焕。

三是向汉人学习。皇太极知道，女真族历史相对较短，文化程度远远不如汉族。皇太极便打破民族之间的壁垒，向汉族知识分子学习先进的文化，为其所用。比如，天聪六年，一个汉族的秀才王文奎向他建议，让汉人中的饱学之士每天给皇帝讲解《四书》两段，《通鉴》一章，对皇帝文化水平的提高会很有好处，从而提高他的治国理政水平。皇太极高兴地采纳了他的建议。同时，皇太极还成立了文馆，负责翻译中国古代大量的史书和典籍，供王朝参考使用。这里还有一个故事：天聪五年的一天，皇太极来到文馆，看到值房内有人，便走了进去。他看到一个人正在伏案书写，很认真的样子，便问道：“这么晚了，还在工作啊？”那人慌忙站起来，跪到地上道：“禀皇上，我在写史论。”皇太极问：“什么史论呢？”那人答：“就是皇上您的史论啊。”说着，拿出文稿，要皇太极展阅。皇太极一听，赶忙道：“这个不敢看，这是你们史臣的职责，我不能看。”皇太极辞别史臣，退了出来。

皇太极是个极聪睿的人，善于从历史和文化中汲取营养，为其所用。比如对金朝的历史，他在学习中树立了一个榜样，决心要向他学习，这个人就是金世宗。他认为金世宗是中兴之主，积极上进，最主要的经验就是他坚持祖宗旧制不改变，坚持民族特色不改变，比如语言和服饰，最终实现了民族中兴。皇太极也找到了一个坏典型，那就是金熙宗，他耽于酒色，享乐无度，尤其是效仿汉人的陋习，好的不学，学习陋习，最终导致王朝衰微，自己也被人杀害。

所以，皇太极善于向书本学习，善于汲取书本上的营养，为其所用，使他非常具有智慧，非常聪明。他还要求王公百官也要加强学习，增长智慧，君臣同心，共建大业。

锻炼强身

俗话说“身体是革命的本钱”，没有好的身体怎么能够做革命事业的接班人呢？皇太极就深懂这个道理，因而十分重视强身锻炼，用强壮的体魄来工作。

史料记载，皇太极“体丰”，身体壮硕。他十分注重身体的锻炼，除了看书之外，就是锻炼。锻炼的形式，皇太极也注重实效，他一般不会为锻炼而锻炼，而是把锻炼与工作结合起来。狩猎，就是皇太极看重的最好的形式，既锻炼了身体，又参与了工作，因为那个时候，狩猎是他们的重要工作之一。

皇太极选中狩猎作为锻炼强身的重要手段，不仅可以得到大量猎物，还可以通过狩猎活动整肃他的军队纪律，是一举两得的好事。皇太极从几个方面明确规定了狩猎的规矩，有行进秩序、射猎次序、行猎纪律、检验收获、设定仪仗，等等。这些制度非常重要，皇太极可以借此整顿军队纪律。

比如行进秩序，皇太极就规定不许喧哗，不许饮酒，不许离队，等等，否则处以刑罚。

比如涉猎次序，皇太极更是规定很严格，必须按等级，有秩序进行。这里讲一个故事。天聪六年十二月，皇太极率领王公大臣出猎。在厄野这个地方猎虎，皇太极一马当先，弯弓射箭，射中一只大老虎。不过，对于大老虎来说，并非一箭就能射死，老虎极有可能反扑，咬伤皇太极。就在这时，随身侍卫噶尔朱挺身而出，举刀砍向老虎；老虎并不示弱，反身向噶尔朱咬去，噶尔朱与之奋力拼搏，终于制伏猛虎，保护了皇太极。可是皇太极却严厉下旨，批评噶尔朱：“尔果勇，施于战阵，乃为有益；而用于无益之虎，勇乎？嗣后勿侍御前！”从这个故事看来皇太极很无情，实则表明他的勇猛和自信，他认为自己完全可以制伏老虎，无须别人帮助。

比如行猎纪律，皇太极明确规定，狩猎好比打仗，必须严明纪律，必须保持团队精神，密切配合，不得私自行动。至于行猎中所需器械，必须标记明白，各有所属，不得偷换，以免紧急时刻不能使用；尤其不准互相狩猎，就是皇太极看重的最好的形式，既锻炼了身体，又参与了工作，因为那个时候，狩猎是他们的重要工作之一。

李寅语录

最让莽古济伤心的是，她被人出卖了，要是被旁人出卖也就算了，她也不至于太为伤心和失望，她被自己最『亲近』的两个人出卖了。

偷窃物资，一旦发现，严惩不贷。

我们从皇太极的相关资料中，查阅到很多关于狩猎的记录，几乎每年都有。仅以天聪年间为例，《满文老档》中留下了皇太极渔猎的相关记录：天聪元年九月十五日，“率诸贝勒大臣等，猎于东郊三百里外，驻跸十五日”；天聪二年十二月初一，“直至东北四百里处三洼地方，猎十四日，汗亲歼五虎”；天聪三年十月十二日，驻跸辽河打猎，十月十四日，仍驻辽河打猎，十二月初一，行猎南苑；天聪四年四月十四日，往明地沿途打猎，四月二十日，沿途打猎，五月初二沿途打猎；天聪五年十月二十日，在十三山一带行猎；天聪六年，五月十二日、五月十九日、七月初三、七月初六、七月初七、七月初八、七月初九、七月十二日、七月十四日、七月十五日、七月十九日、九月二十八日、十月初五、十月初六、十月二十三日、十月二十六日、十二月初十、十二月十七日、十二月二十日……都留下了皇太极出行狩猎的记录。

在这些狩猎活动中，皇太极大显身手，充分发挥了他的箭法，那真是百发百中，箭无虚发，兵士们无不喝彩。比如天聪六年五月十二日，“出猎黄羊，时有二黄羊并行，汗一矢贯之”，一箭射杀两只黄羊；五月十九日，皇太极再行出猎，“汗射两次，一矢贯二黄羊”。皇太极能够一箭射杀两只奔跑的黄羊，说明他箭法纯熟，箭无虚发。

不过，这些狩猎活动还是很有风险的，尤其是与豺狼猛虎搏斗，肯定会遇到一些危险。有的时候，还会由于乘马失手而出现问题。比如天聪四年，皇太极率领王公贝勒出行狩猎，代善、莽古尔泰都坠马伤身；天聪六年，围猎一只老虎的时候，皇太极的一名侍卫被虎咬伤。所以，那些王公贵族们总是找出各种借口，逃避打猎行动。为此，皇太极曾经大发雷霆，并下谕申斥这些人。

大行仁孝

皇太极在其帝王生涯中，强调两点，一个是孝道，一个是仁义。他认识到，要做好一个帝王，被世人认可，为大家接受，最基本的就是这两点。

先说孝道。努尔哈赤病逝，以代善为首的贝勒大臣们一致推举皇太极继承汗位众望所归，皇太极本应该痛痛快快、高高兴兴即位；可是，他居然予以拒绝，理由是什么呢？《清太宗实录》记载："上辞曰：'皇考无立我为君之命，我宁不畏皇考乎？'"从这段话中，我们很明确看出了皇太极对父汗的敬畏、大孝之心；否则，不管三七二十一，悍然继位，还用这么费事吗？

等到皇太极即位之后，他确定了"孝治天下"的基本国策，认为只有大行孝道，才可干成大事，完成大业。他都做了什么呢？

一是选择风水，营建福陵。之前的满洲贵族，从不相信风水之说，也没有大兴土木建筑陵墓之说，这固然与物质条件有关。皇太极即位后，为了体现孝道，于天聪三年，派出风水术士，在沈阳周围选择风水宝地："今谨卜地于浑河北石嘴头山，川萦山拱，佳气葱郁，敬建宝城。"至此，努尔哈赤、孝慈高皇后的灵魂才得以入土为安。皇太极的这一孝道行为，为他的后事子孙所效仿。之后，从顺治帝到光绪帝，都延续皇太极制定的孝道方法，营建了孝陵、景陵、泰陵、裕陵、昌陵、慕陵、定陵、惠陵、崇陵，等等。

二是"孝"字当头，表中内外。皇太极大行孝道，不仅落实在行动上，还要落实在文字上，内涵与形式，一个都不能少。崇德元年，皇太极称帝，仿照明朝做法，追上努尔哈赤的庙谥为"承天广运圣德神功肇纪立极仁孝武皇帝"，其中有了"孝"字。他的生母孟古姐姐被谥号为"孝慈昭宪纯德真顺承天育圣武皇后”，谥号的首字为“孝”字。从此以后，皇帝谥号中必有“孝”字，皇后谥号以“孝”字开头成为定制。

三是设立太庙，供奉神位。太庙是中国古代皇帝的家庙，在夏商时期就已经存在了。清代太庙之设，源于皇太极时期。皇太极称帝之后，为了肇建太庙，再次到太祖山陵祭告，祝文这样写道：“孝子嗣皇帝敢昭告于皇考神位前曰：‘臣敬尊典礼，表扬皇考、皇妣功德，肇建太庙。’”皇太极不仅把父母的神位供奉于太庙之中，定期奉祀，还破例追尊祖上的名号，进而把他们的神位供奉于太庙之中。皇太极不仅以孝奉祀父母的神位，还仿效朱元璋的做法，追尊努尔哈赤上世四祖的封号：“上率诸贝勒大臣，诣太庙，追尊始祖为‘泽王’，高祖为‘庆王’，曾祖为‘昌王’，祖为‘福王’。”他们的神牌被堂而皇之地供奉起来。

接着，说说皇太极的“仁义”。皇太极深知，要赢得人民的拥戴，除了大讲孝道之外，就是要大行“仁义”之道了。

前文已经讲过，皇太极称帝之后，首先更改年号为“崇德”，而古人讲德必讲仁义。同时，皇太极的帝号也和“仁义”紧密相连，称为“宽温仁圣皇帝”。

为了进一步笼络人心，皇太极极力打造自己的仁者形象，他曾不止一次下达谕旨，对出征的将士下达禁令，不许他们随意杀伐百姓，不许抢掠百姓，等等。为此，他还专门惩治了曾经屠城的阿敏贝勒，以树立自己仁圣皇帝的形象。

领导艺术

作为一般领导，是需要艺术的；作为皇帝，则更加需要领导艺术。典籍记载皇太极“天赐睿智”，说他极聪明。三岁的时候，皇太极就已经脱颖而出，智商明显高于旁人；七岁以后，努尔哈赤把部分事务委托给他，他居然能够自行打理，井井有条。所以，皇太极有“智慧之王”的美誉。那么，他的领导艺术就一定备受瞩目了。

恩威并用

皇太极继承汗位以后，局面并不平静。因为他的即位不是父汗指定的，在大家的心目中，多尔衮的接班概率甚至会大于皇太极，他的母亲大妃阿巴亥大权在握，备受太祖信赖。这样，皇太极虽然即位接班，要巩固地位，还需要他运用政治智慧来做到，难怪德高望重的代善对汗位望而却步，力推皇太极上台。皇太极会怎么做呢？

皇太极经过缜密思维，想出了四个字："恩威并用。"

先是"威"字当头。努尔哈赤一死，第二天，皇太极就率领诸位贝勒逼迫大妃阿巴亥殉葬，很明显这是皇太极策划的，他必须除掉这个祸患，否则后患无穷。这是他使用的第一个杀威棒。除掉了大妃，一时之间，内外肃静，大家谁还敢胡乱猜测和说话呢？

接下来，是安抚同类。皇太极称汗之后，先做了两件事，以安抚宗室。

一是与三大贝勒并尊。

皇太极虽然即位称汗，但他遵循努尔哈赤在天命七年下达的汗谕精神，实现汗与三大贝勒并尊的局面。三大贝勒就是大贝勒代善、阿敏贝勒和莽古尔泰贝勒。实际上，三位是天命年间四大贝勒中的三位，而皇太极位居最末，是四贝勒。

与三贝勒并尊的形式是怎样的呢？查阅史料，有两个表现：一是决策并尊，天命十一年，皇太极想要与袁崇焕谈和约的条件，便派出秘书，一个一个征求其他三大贝勒的意见。先到代善家去，然后到阿敏家去，最后到莽古尔泰家去，只有三大贝勒都同意了，才可以实行。二是座次并尊，一般来讲，我们认为既然皇太极称汗，就应该是他自己面南背北，其他人都朝他行跪叩大礼；可实际上不是这样，《满文老档·太宗·天聪》记载了皇太极与三大贝勒在朝会时的情形："昔满洲国礼，大贝勒、阿敏贝勒、莽古尔泰贝勒三贝勒，以兄行敬，命坐于汗之左右，无论何处，亦命与汗列坐，不令下坐。"这种局面，实际上是皇太极施恩与诸位兄长，表达自己的敬礼之意。

二是封王施恩。

宗室兄弟封王，始于皇太极称帝之后。崇德元年四月，皇太极被尊称为"宽温仁圣皇帝"之后，自己扬扬得意，并没有忘记拥戴他的诸位兄弟

子侄，决定对他们给予封爵赏赐。四月二十三日，皇太极下达册封令，对他的兄弟子侄大加赏封：代善被封为和硕礼亲王，济尔哈朗被封为和硕郑亲王，多尔衮被封为和硕睿亲王，多铎被封为和硕豫亲王，豪格被封为和硕肃亲王，岳托被封为和硕成亲王，阿济格被封为多罗武英郡王，杜度被封为多罗安平贝勒，阿巴泰被封为多罗饶余贝勒。很明显，这些被封赠的兄弟子侄心满意足，敢不努力工作吗？

皇太极知道，面对反对派的力量，必须采取雷厉手段，一旦手软，就会后患无穷。所以，他为了清除异己，不惜一切代价。以天聪九年为例，他囚禁了一向反对自己的姐姐莽古济格格，并对她的一千余名追随者予以清洗。皇太极的这一做法很有效，那些位高权重的宗室都感到了害怕，比如代善，他在皇太极面前再也不敢摆老资格了，主动要求向皇太极下跪称臣。试想，如果没有皇太极的雷厉手段，这是不可能实现的。

皇太极不仅对待宗室实行恩威并用的手段，实现自己的南面独尊，对待文武百官也是这样。对自己的亲信，比如范文程、冷僧机等，都给予恩惠，以激励他们为之卖命；而对于那些敢于反对自己的人则会毫不留情。

当然，我们对于皇太极的“恩威并用”要辩证地看，对于其中正能量的部分要予以吸收，而那些糟粕的东西，封建帝王的阴暗面则应该自觉抵制。

不徇私情

普遍意义上讲，人都是自私的，都喜欢以自我为中心，大谋私利。皇太极何尝不是这样呢？作为一代帝王，他有这样的机会，别人也会借此邀功，这就要看皇太极怎么想了。皇太极的宗旨就是“不徇私利”，这是他一以贯之的做法。

我们以多尔衮为例，说明皇太极的“不徇私情”。由于天命十一年皇太极迫逼大妃殉葬，不仅吓坏了年仅 15 岁的多尔衮，也恨坏了多尔衮，可以说皇太极是多尔衮三兄弟的仇敌，有杀母之仇。按理，皇太极应该本着“斩草除根”的原则，想办法除掉多尔衮三兄弟，以免留下后患。可实际上，皇太极不仅没有这么做，反而重用多尔衮。

查阅史料，就能得出结论。天聪二年，多尔衮仅仅 17 岁，就被皇太极赐号为“墨尔根代青”，并赏给固山贝勒的封号；天聪三年，跟随皇太极入关伐明，攻克汉儿庄，十一月围攻北京；天聪四年，率军攻克永平；天聪五年，多尔衮统摄吏部事，参与大凌河之战；天聪六年，多尔衮随皇太极远征察哈尔林丹汗；天聪八年，多尔衮奉命入关伐明，攻克保安州、朔州，抵达五台山；天聪九年，多尔衮率军穷追林丹汗余部，获传国玉玺；崇德元年，多尔衮受封和硕睿亲王，这一年，他仅仅 25 岁，就获得了最高的封爵，令人侧目。

从多尔衮这个例子，我们看出皇太极是不徇私情的。还有一个例子，可以看出皇太极的不徇私情。

崇德六年八月，在明清之间展开了一场生死大战松锦之战。这场战斗非常关键，决定清朝的命运，皇太极非常重视。

锦州守将祖大寿依据城坚炮利，采取据城固守的策略。皇太极一筹莫展，命令清军在距离锦州城 90 里的义州城驻扎屯田，包围锦州。其间，皇太极再三叮嘱，一定要紧紧包围锦州，不可松懈。可是，多尔衮、豪格、杜度、阿巴泰等王公大臣却犯下大错：离城远驻，或者回家居住。

皇太极接到这个报告，勃然大怒，他要如何处理呢？这里面可有自己的亲儿子豪格呀。

皇太极不徇私情，决定按照程序办理。

先是诫勉谈话。他按顺序先提多尔衮讯问："今违朕命，遣兵回家。如此，朕焉能以尔为可倚？"

提讯亲子豪格："肃亲王，尔明知睿亲王失计，如何缄口不言？"

集体提讯阿巴泰、杜度、硕托："尔等何为事不关己，是曰然，非亦曰然！"

提讯之后，皇太极命令他们自定其罪。多尔衮自定死罪，豪格自定死罪，其他人自定贬罚为民，以及罚银，等等。最后，皇太极进行了权衡，将多尔衮由亲王降为郡王，罚银一万两，拿出两个牛录；亲子豪格由亲王降为郡王，罚银八千两，拿出一个牛录，其他人只是轻微处罚了一下。由于皇太极不徇私情，重重处罚了亲子豪格，别人无话可说。

不仅如此，皇太极对于有恩于自己的那些宗室，尤其是拥戴自己的人，也是铁面无私，不徇私情。

比如岳托和萨哈廉兄弟，都对皇太极有拥戴大功，尤其是萨哈廉，在最关键的时刻，曾经两次拥戴皇太极。可以说，没有他们的拥戴，皇太极很难即位称汗和称帝。但是，一旦发现他们的错误，皇太极会毫不留情。比如，代善有意和莽古济合作，被皇太极发现，大为恼怒，而萨哈廉却置若罔闻。为此，皇太极叫来萨哈廉，毫不留情予以批评，萨哈廉感觉非常没有颜面。

对于岳托，皇太极更是要求严格，讲一个故事。崇德二年八月，皇太极宸妃诞育皇子，皇太极在演武场设宴款待蒙古使臣时，命诸王公大臣竖起箭靶比赛射箭技法。岳托因不善射，向皇太极推辞说不想比赛。皇太极没有照顾他，道："你可以慢慢射，你不射，恐怕其他的诸王公贝勒不服。"并催促再三。岳托只好勉为其难，可拉弓射了5箭均坠落于地，没有一次射中，引起了蒙古使臣的哄笑，岳托竟将手中的弓向蒙古人群掷去。皇太极一看，大怒，命令诸王、贝勒、议政大臣以及刑部承政共同会审岳托。

最终，皇太极决定处罚岳托：罚银5000两，解兵部之任，削贝勒爵，降为固山贝子，暂令在家思过，不准出门。

皇太极如此不徇私情，一秉大公，使他的臣下不管是谁，都不敢过分造次，规规矩矩；否则，定会遭到重惩。

科学决策

决策是一个领导人的权力，只有领导才有决策权。皇太极作为一代帝王，当然有决策权。如何决策呢？有的领导往往做出错误的决策，尤其是帝王，没有谁敢反对他，决策的对与否就只能看帝王的素质了。

今天看来，皇太极时期的政治、军事、外交等重大决策都是非常正确的，所以，大清的事业蒸蒸日上。人们把这些正确的决策归功于皇太极的聪睿，认为是皇太极的聪明才使他做出了正确的决策。我们固然不会否认皇太极的个人素质，作为清代最聪明的帝王，他的决策高人一筹也是可以理解的。但是，我们从唯物史观的角度分析，皇太极的做法就是科学决策。

皇太极每做大事，必召集贝勒大臣，共同讨论，集思广益，选择最佳方案。仅以天聪七年六月的一次大讨论为例，说明这个道理。这天，贝勒大臣们聚集殿下，皇太极问道：“大家讨论一下，明朝、朝鲜、察哈尔三者，我们应该先征讨谁呢？”一时之间，大家议论纷纷：

济尔哈朗认为，朝鲜虽然背叛了我国，但可以先不用理它。而对于明朝，济尔哈朗认为：“举兵深入其境，焚其庐舍，取其财物。”主张大兵深入，烧杀抢掠。

阿济格是个鲁莽之人，他摩拳擦掌，只想着掠夺：“率马步大军进边，边内人民财物禾稼，应杀者杀之，应取者取之，应蹂躏者蹂躏之。”

多尔衮则主张围困燕京，把明朝的首都团团围住，摧毁周围的屯堡和建筑，做长久包围之计。

多铎不同意多尔衮的建议，主张“直入长城”，养精蓄锐；而对于察哈尔，千万不要用兵；对于朝鲜，更是不要用兵，他们太弱小，不足争高低。

杜度主张，朝鲜就不要打了，他们已经在我们的掌握之中。至于察哈尔，杜度主张：“察哈尔与我逼，则征之；若远，可取大同地方。”

岳托则主张：“山海关、通州、燕京三处，先图其一，以立丕基。”他不主张从长城突入，与其他人的观点格格不入。

萨哈廉经过深思熟虑，对于皇太极提出的明朝、察哈尔、朝鲜三者，先进攻哪里，提出了自己的真知灼见：“当宽朝鲜，拒察哈尔，而专征明国。”至于进军路线，萨哈廉则提出了两个方案，一是从一片石入，夺山海关、宁远、锦州；一是从“故道而入，断燕京四面之路”。所谓“故道”，就是破长城，从大同入口。

豪格不主张从宁远、锦州进兵，认为胜算不大。他主张：“今宜尽率我众及边外新旧蒙古兵，从旧道而入，各处纵火攻略。”这个“旧道”，还是突破长城，从大同而入。

阿巴泰的看法比较奇特，他主张皇太极坐镇关外，派遣将帅分“八路驰入，驻军内地”，然后找到“有识之士”，指点迷津。

杨古利主张迅速出兵，不能迟疑，至于先后问题，杨古利认为：“朝鲜、察哈尔宜且置之”，还是破关进攻明朝，但他不主张从山海关进入。杨古利还主张对“敌者杀之，拒者俘之，降者编为户口”，三种人要区别对待。

叶臣主张，今年就应出师，他指出了出师的具体路径：“先抵大同、宣府，秣马休兵即在彼处。”他不同意从锦州、山海关进入，那样的话难度太大，胜算也不大。

此外，和硕图与篇古也发表了自己的见解。

这些贝勒大臣各抒己见，皇太极一一记下。他经过仔细分析，最终博采众长，科学决策，到天聪八年，皇太极认为时机已经成熟，率领大军从宣府、大同入关，拉开了宏大的“入口之战”。

皇太极向来主张大臣对他“直言不讳”，对自己的过失，不科学的地方要知错就改，《东华录》中记载：“予有失，即直言；若不见纳，方可弃予而不言。”皇太极号召贝勒大臣们指出他的过失，不对的地方，就要改正，这样在决策的时候会更加科学。

工作技巧

皇太极在工作中，不仅状态极佳，而且效率很高，几年的工夫，国家实力大大增强，备受世人瞩目。那么，皇太极凭的是什么，今天总结起来，就是工作技巧，他有很好的工作技巧，以此提高了工作效率。

善于用计

皇太极用兵如神，很少打败仗，几乎是常胜将军，最基本的技巧就是“善用兵计”。对于带兵打仗的将帅来说，都知道“兵不厌诈”的道理，皇太极也是一样。他在对外作战中，把书本上学来的兵计活学活用，取得了一次又一次的胜利。

皇太极心目中最大的敌人就是明朝，只有打败明朝，才能实现他的入关梦想。为此，他开动脑筋，提出了“和谈”与“自固”的策略，就是对明朝打出和谈的幌子，以友好的面目，来麻痹明朝对他的警惕心理，乘势这些贝勒大臣各抒己见，皇太极一一记下。他经过仔细分析最终博采众长，科学决策。

李寅语录

本来，努尔哈赤与舒尔哈齐应该同甘共苦，因为他们是命运共同体。一母所生，遭到继母的冷淡待遇，共同度过了艰苦的岁月。没有意外的话，哥儿俩会命运相连，越来越亲。

发展自己，一旦时机成熟，再彻底撕破和谈的面纱，打败明朝。

在与明朝的斗争中，皇太极反复使用兵计，归纳起来，大体上有以下几种：

一是“借刀杀人”。

前文已经讲过，皇太极在征明的过程中，腹背受敌，前有袁崇焕，后有毛文龙。这两个人中，袁崇焕足智多谋，曾经打败了他的父汗努尔哈赤，是皇太极的心腹大患，必须除掉。毛文龙拥有重兵，手握崇祯帝的尚方宝剑，不时骚扰皇太极的军队，也成为后金的心腹大患，必须予以除掉。

可是，皇太极凭借自己的力量无法做到。于是，他开动脑筋，采用借刀杀人的办法。先刺激袁崇焕，假意答应袁崇焕，与之议和，实现他向崇祯帝承诺的“五年复辽”目标。当袁崇焕上钩以后，向他提出条件，必须杀了毛文龙，表示诚意。袁崇焕上当了，毛文龙死于他的刀下。接下来，皇太极再用计，入围燕京，调袁崇焕入关勤王，再施用“反间计”，离间崇祯帝和袁崇焕之间的关系，崇祯帝中计，认为袁崇焕是奸细，是叛徒，便杀了他。

二是巧用战术。

比如，在天聪五年，大凌河战役中，皇太极就凭借多种战术取胜。

“引蛇出洞”。大凌河的明朝将领祖大寿，坚守不出，皇太极束手无策，于是，他命令八旗兵化装成明朝援兵的样子，前往大凌河救援祖大寿。祖大寿果然上当，率兵出城，遭到八旗兵的伏击。

“八面埋伏”。为了解大凌河城之围，明朝派出各路援军，支援祖大寿。皇太极一面派出八旗兵，正面与之交锋；一面在明朝援兵经过的各个路口设下埋伏，等他们经过的时候，歼灭他们。为此，明朝援兵将领吴襄、张洪谟、杨华征、张吉甫、王之敬等都中了他的埋伏，吃了大亏。

比如在天聪八年的“入口之战”中，皇太极采用了另一个战术，即

“避实击虚”。他亲自率领大军，避开明军实力雄厚的山海关，而选择了相对薄弱的宣府和大同，从两处破关而入，采用的就是该战术。

比如天聪元年，对察哈尔林丹汗用兵，皇太极采取了“分化瓦解”的策略。为了彻底打败林丹汗的察哈尔部，皇太极积极争取林丹汗的对立面，一个是奈曼部，一个是敖汉部，皇太极向他们频送秋波，要求建立友好关系。两个部落的首领求之不得，并且表示要率众归附后金。皇太极热烈欢迎，归附的人越来越多。同年年底，喀喇沁部、鄂尔多斯、阿巴亥、阿苏特、喀尔喀也有归附之心，他们联合组成了10万大军，阻击林丹汗的4万大军，取得全胜。这一切，都是皇太极“分化瓦解”的成果，为日后彻底击垮林丹汗奠定了基础。

比如崇德五年，对索伦部首领博穆博果尔，皇太极采用了两个策略，一个是“声东击西”，一个是“虚张声势”。皇太极先恫吓博穆博果尔，说要向北进军，抓住他，吓得博穆博果尔仓皇北逃，实际上，皇太极早就暗中派出希特库、济席哈率军从蒙古北边追击，博氏中计北逃，正好钻进希特库的圈套之中，束手被擒。

此外，皇太极每当派遣大军出征之时，只要他不亲自带兵，都要面授机宜，亲自教授兵计，要求将帅灵活多样地用兵计取胜。同时，皇太极还广泛征求计策，以期百战百胜。比如，崇德五年，对于明朝在关外的坚城锦州，皇太极就采纳了张存仁的策略：“鼓励三军士气，坚持围困之策。”张存仁主张长期围困，打持久战，皇太极采纳了他的建议。

善于用人

皇太极做事非常认真，对自己的要求也非常严格。不管做什么事情，他都要身先士卒，通过自己的作为，给官兵做出表率。

比如策划“反间计”，《清太宗实录》中就留下了清晰的记录。皇太极亲自登台表演，这在历史上是罕见的事情。作为汗王，皇太极亲自出马，亲自授计，终于使崇祯帝中计，借其手杀掉了袁崇焕。再比如大凌河之战，皇太极更是身先士卒，身穿厚重的铠甲，率领二百名亲兵，飞马过河，直接冲向敌阵。

但是，作为优秀的统帅，皇太极更加明白，并非事必躬亲，否则还不把人给累死吗？最关键的是要知晓用人，善于用人。关于用人，统治者都很重视。皇太极作为最聪明的一代帝王，更是非常重视人才的培养和建设。看看皇太极是怎么做的。

首先，他很好地利用了汉人。

在皇太极信任的大臣中，有一个汉人最为引人注目，就是范文程。范文程在努尔哈赤时期就已经投靠了后金，可是，他的一身才华并没有被很好地利用，他足足坐了八年冷板凳，无人理睬。范文程真正被重用，是在皇太极上台以后。皇太极对他信任有加，几乎是言听计从。而且每逢诸臣议事，若范文程不在场，皇太极必定先问：“范章京知否？”每当群臣意见不一议事不决的时候，皇太极就说：“何不与范章京商议一下？”只有当众臣下说：“范文程已经同意。”皇太极才最后批准。有时，如果范文程生病没上朝，皇太极甚至会将一些事情延后，等范章京病好后再做裁决。后来，凡是范文程起草的文件，他不再过目便予批准，他说：“我相信范章京不会出错。”就此，范文程成了真正的大章京。君臣二人私下的关系也极为亲密。皇太极经常将范文程召入宫中议事，二人经常一坐就是几个时辰。有时，范文程深夜刚刚离开皇宫回家躺下，皇太极又派人来请范章京进宫议事。

其次，皇太极很好地利用了敌人。

在皇太极的功臣中，有很多曾经是他的敌人。比如洪承畴和祖大寿，这两个明朝将领，洪承畴与皇太极曾经有过生死对决，洪承畴被俘虏后，皇太极非常爱慕他的才华，几经周折，才收降他。至于祖大寿，更是具有传奇色彩，先是在天聪五年的大凌河之战中诈降皇太极，接着在10年后的崇德五年，又与皇太极在锦州决战；可是，皇太极非常爱惜祖大寿的才干，足足等了他10年的漫长时日，最终收降了祖大寿。

除此之外，皇太极还接收了明朝的三员大将，一个是孔有德，一个是耿仲明，一个是尚可喜。这三人都曾经是明朝的边关将领，拥兵自重。他们仰慕皇太极的英明，便纷纷起义，投靠皇太极，皇太极大喜过望，最主要的是不仅没有让这些人失望，而且封以他们王爵，孔有德被封为恭顺王，耿仲明被封为怀顺王，尚可喜被封为智顺王。皇太极出征打仗的时候，这些投诚的汉王都随军前往，为皇太极效力。

最后，皇太极很好地利用了“下人”。

皇太极用人唯贤，他曾经说过：“朕惟图治，以人才为本，人臣以进贤为要。”反映出皇太极用人的原则，既要用人，还要用贤人。而且，皇太极用人不讲出身。如果有才华，就是奴才下人出身，他也不拘一格。比如宁完我，他曾经是萨哈廉的家奴，因为通文史，皇太极曾经亲自面试，破格录用，成为一代名臣。

皇太极选人用人的方法也很值得借鉴。

一是大臣推荐。推荐是最直接的办法，可是，由于人为操作，就会滋生腐败。怎么办呢？《东华录》记载：“荐举不实，请定功罪连坐法。”就是如果大臣荐举了贤良之材，有功受表扬；如果荐举了庸才，那就将大臣连同庸才一起受到处罚。

二是考试。考试取才是汉人政权行之有效的做法，皇太极借鉴了这一做法。天聪三年九月初一，后金满蒙汉知识分子首次进京赶考，天聪八年三月，又举行了第二次考试，大批人才被发现并录取使用。

三是自荐。皇太极号召那些有才华的人要自我推荐，可以上书自陈。皇太极说，人才不怕多，金银财宝用过就没了，可是得到一个可靠的人才却对国家有无穷的作用。所以，皇太极不肯漏掉一个人才，对那些没人推荐的，又没机会考试，或考试落榜的人才，可以让他们自我推荐，择优录取。

四是重用一线人员。皇太极所处的时代，正是战争杀伐的年代，皇太极所用人才必然会带有时代的特征。皇太极就非常重用那些有战功而又地位低下的人，甚至重用一线的士兵。比如，天聪三年，皇太极就看中了一个小卒萨木哈图，他仅仅是一名士兵，可是在攻打遵化城的时候，他作战勇敢，第一个登城杀敌。皇太极非常看重他，不仅赏给了他世袭的职位（备御），赐予巴图鲁的称号，还给予大量的物质奖励，使得这个萨木哈图受宠若惊。皇太极的这种做法，激励了广大低级士兵，他们在战场上奋勇杀敌，勇立战功。

善于改革

努尔哈赤去世之后，后金面临着很多困难：宗室之间的内部矛盾，满汉之间的民族矛盾，与朝鲜、蒙古、明国之间的周边矛盾，错综复杂，交织在一起。怎么办呢？新主皇太极陷入了沉思。

皇太极是最聪明的智慧之王，他马上就意识到必须改革旧有体制，不改革是没有出路的。可是，改革就意味着对过去的“背叛”，而过去的事情是父汗努尔哈赤制定的；改革还意味着对现有体制的变革，意味着权力和利益的再分配。皇太极必须克服这些矛盾，战胜自我，才能够顺利进行

改革。

事实证明，皇太极很快进入角色，他破釜沉舟，对旧有体制进行了彻底的改革。

首先是政治体制改革。

政治体制中，最需要改革的就是满汉关系。努尔哈赤时期，为了满族一小部分满洲贵族的需要，把那些俘虏的明朝士兵和征服的辽沈之民，悉数变成奴隶，供其役使。满汉之间是紧张的主奴关系，两个民族之间势同水火，有的汉民向满族居住区的井中投毒，甚至在街上走路时，汉民会突然袭击满洲人。为此，努尔哈赤曾经制定制度，要满洲人提高警惕，防止汉民偷袭。这就是皇太极继位时，所面临的紧张的满汉关系。

对此，皇太极进行了改革。

一是提高汉人的政治地位，他规定："满汉之人，均属一体，凡审拟罪犯，差徭公务，毋致异同。"说得再清楚不过了，满汉地位一样，没有高低贵贱。

二是解放奴隶。努尔哈赤时期，汉人被编入满洲旗下，成为满洲人的奴隶，供其役使。皇太极改变了这一制度，解放了汉民的奴隶身份，与满洲人分开居住，恢复了他们的自由。

三是给予汉奴一定的权力。皇太极重新制定了《离主条例》，就是对那些荒淫无道的满洲主人，汉奴可以控告他们，也可以选择离开。同时，皇太极对那些逃跑的汉奴也放宽了政策，过去，汉奴一旦逃跑，抓住就处死，这次改变了，即使逃跑，也不会处死，进行严肃的教育，或者不许他们再回到后金，仅此而已。

其次是官制改革。

皇太极深知本民族历史相对较短，制度建设上不如汉人久远，便学习明朝制度，改革以前不成熟的官制，建立了一整套较为完善的官制。天聪事实证明，皇太极很快进入角色，他破釜沉舟，对旧有体制进行了彻底的改革。

李寅语录

俗话说『男人的一半儿是女人』，还有一句话『军功章上也有你的功劳』，都是在强调女人的重要性。那么，皇太极的军功章上面都有哪些女人的功劳呢？

三年，设文馆，负责两项只能：翻译汉文典籍，以资借鉴；记注本朝政事，总结执政得失。天聪十年改文馆为内三院，包括内国史院、内秘书院、内弘文院，各有职责，内国史院，负责当朝的帝王起居、撰拟诏令、纂修实录等事宜；内秘书院负责各衙门文奏往来和外藩往来书信的撰写；内弘文院负责注解历代帝王得失，为皇帝讲经说史。各院设大学士，由满蒙汉大臣中佼佼者担任，其职责类似于宰相。天聪五年，皇太极设立六部，即吏部、户部、礼部、兵部、刑部、工部，各部明确了分工，提高了工作效率；崇德元年，再设督察院，负责监察各个部院包括皇帝的得失；崇德三年，又设立理藩院，专门负责蒙古事物。至此，大清朝基本形成了内三院、六部和两院，即所谓的“三院八衙门”，各设官员，各司其职，而皇太极总领于上，大权集于一身。

再次是皇权的改革。

天命十一年八月，努尔哈赤不幸病逝，皇太极被推举继位称汗。可是，努尔哈赤早就规定是集体执政，不是一个人说了算。所以，皇太极继位当天，就率领诸贝勒向代善、阿敏、莽古尔泰行三拜礼，对他们三位不以臣礼相待，而以兄弟之礼相待。这很好理解，三位是努尔哈赤时期的大贝勒，位序都在皇太极的前面。三大贝勒在朝见群臣的时候，也是并列而坐。不仅如此，三位还是大权在握的旗主：代善是正红旗、镶红旗的旗主，阿敏是正白旗的旗主，莽古尔泰是正蓝旗的旗主。这样，皇太极做事，决定事情很难，达不到乾纲独断的程度。面对政令不通，权力分散的局面，皇太极进行了改革：

一是设立部院，主要是设立六部，每个部院中有专门的承政管理事务，这就在一定程度上削弱和剥离了三大贝勒的权力。因为六部对皇帝直接负责，等于强化了皇权。

二是改变“四神并尊”为“南面独坐”。四神就是四大贝勒，共同面南背北，共同理政，皇太极只是一个领头人而已。为此，皇太极采取各个击破的策略，实现“南面独坐”。

天聪四年，皇太极以阿敏曾经屠戮永平等四城平民为借口，定大罪十六条，将阿敏幽禁。天聪五年，皇太极以“御前露刃罪”，革除莽古尔泰大贝勒爵位，天聪六年，莽古尔泰暴亡。三大贝勒之中，仅仅剩下一个大贝勒代善了。

皇太极为了实现南面独尊，扳倒代善，于天聪九年找了一个借口，就是代善款待皇太极非常讨厌的莽古济格格，于是，当着满朝文武大臣的面，严厉申斥代善，使得代善无地自容，从此闭门思过，权势大减。到崇德元年，皇太极称帝的时候，代善被迫向皇太极立誓：“自今以后，若不恪守忠贞，殚心竭力，而言与行违，又或如莽古尔泰、德格类谋逆作乱者，天地谴之，让代善不得善终。”这样，代善再也不敢与皇太极平起平坐，皇太极彻底实现了南面独尊。

三是弃汗称帝。皇太极最大的变革，莫过于他敢于弃汗称帝。实际上，虽然在天聪九年他实现了南面独尊，但毕竟还是汗王，与明朝的帝王之间还有很大的差距。皇太极非常羡慕明朝的帝王，羡慕皇权的集中。所以，当他得知多尔衮获得了传国玉玺，漠南蒙古归入后金版图的时候，他接受了重臣的“劝进”，弃汗称帝。这样，不仅进一步巩固了“南面独尊”的成果，而且进一步加强了皇权，使他真正实现了乾纲独断。

最后是改革后宫制度。

一个成熟的王朝，必然有成熟的后宫。努尔哈赤称汗时期，就没有成熟的后宫，他的女主人还称为“福晋”，到后来，才有“大妃”的称谓，很不正规。崇德元年，皇太极弃汗称帝，便改变了这一现状。

同年（1636年）五月，皇太极仿明制钦定后妃名号，并举行了隆重的册封仪式。册封哲哲为国君福晋，居清宁宫；册封海兰珠为东宫大福晋，居东关雎宫；册封娜木钟为西宫大福晋，居西麟趾宫；册封巴特玛·璪为东次宫福晋，居东衍庆宫；册封本布泰为西次宫福晋，居西永福宫。清代的后宫制度以此为蓝本，逐步成熟起来。

总之，改革使得皇太极受益匪浅；改革也使一个新兴政权从随意走向规范，从弱小走向强大，为大清入关，定鼎中原打下了坚实的基础。

图书在版编目（CIP）数据

智慧之王：李寅评说皇太极／李寅著. —北京：中国工人出版社，2017.6
ISBN 978-7-5008-6671-8

Ⅰ.①智… Ⅱ.①李… Ⅲ.①皇太极（1592-1643）—生平事迹 Ⅳ.①K827=49

中国版本图书馆CIP数据核字（2017）第100503号

智慧之王：李寅评说皇太极

出 版 人	芮宗金
责任编辑	杨博惠
责任校对	董春娜
责任印制	黄 丽
出版发行	中国工人出版社
地　　址	北京市东城区鼓楼外大街45号 邮编：100120
网　　址	http://www.wp-china.com
电　　话	（010）62005043（总编室） （010）62005039（出版物流部） （010）62379038（社科文艺分社）
发行热线	（010）62005049 （010）62005042（传真）
经　　销	各地书店
印　　刷	三河市万龙印装有限公司
开　　本	710毫米×1000毫米 1/16
印　　张	15
字　　数	192千字
版　　次	2017年7月第1版 2017年7月第1次印刷
定　　价	39.80元